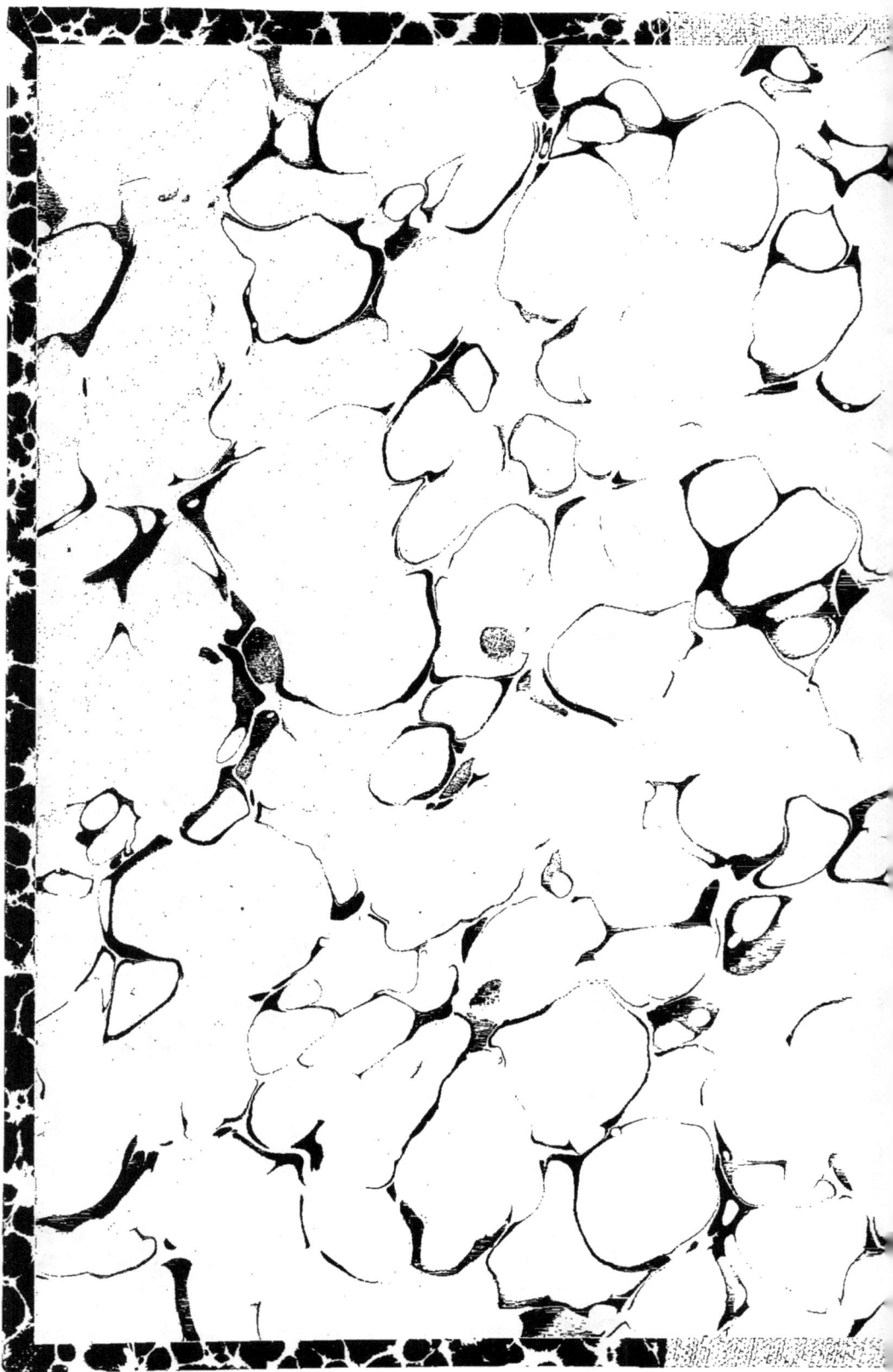

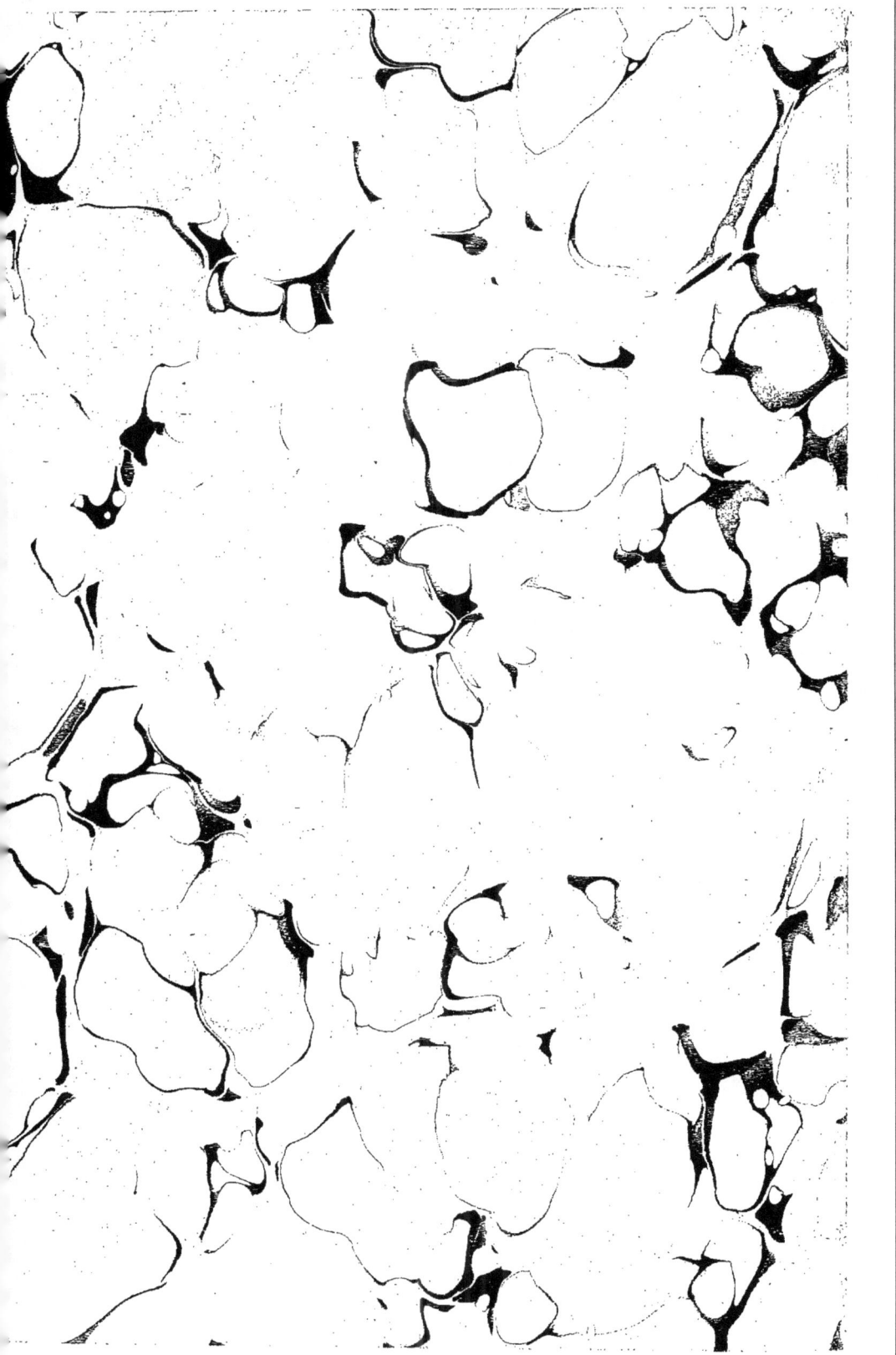

KABELON

RÉCITS DE BATAILLES NAVALES.

292
72

2636

C.

RÉCITS

DE

BATAILLES NAVALES

PAR

ALPHONSE D'AUGEROT.

LIMOGES.

BARBOU FRÈRES, IMPRIMEURS-LIBRAIRES.

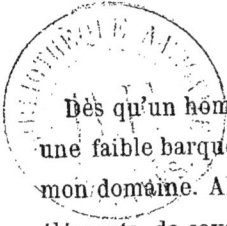

Dès qu'un homme fut en état de se soutenir sur la mer dans une faible barque, il jeta les yeux autour de lui, et dit : Voilà mon domaine. Alors il ne lui suffit plus de lutter contre les éléments, de savoir les vaincre ; il songea encore à assurer sa souveraineté sur les autres hommes qui, audacieux comme lui, oseraient braver la fureur des flots ; il songea à transporter au milieu de l'océan les moyens de destruction déjà employés sur terre et à en créer même de nouveaux. L'art des combats sur mer a donc dû suivre le progrès des connaissances humaines ; aussi le voit-on changer aussi souvent que la découverte d'une arme nouvelle donne aux hommes une nouvelle force, et chaque fois aussi que la navigation et la construction des vaisseaux font un pas. Aussi l'histoire des combats sur mer a-t-elle deux époques distinctes, celle qui précéda et celle qui suivit l'invention de la poudre à canon.

La manière de combattre sur mer fut d'abord très-simple : montées sur des barques légères, les deux armées se lançaient de loin une grêle de flèches, puis elles s'avançaient l'une sur l'autre, s'abordaient et s'attaquaient avec la hache ou l'épée ; c'était comme une mêlée à terre. Dans ces premiers temps, le courage et l'audace triomphaient toujours, et l'on ne songeait qu'à massacrer les combattants. On sentit ensuite l'avantage de détruire les navires eux-mêmes, et chaque barque, armée d'un fort bec ou éperon, tantôt à fleur d'eau, tantôt au-dessus de la flottaison, dut tenter de prendre en flanc une barque ennemie, de la crever et de la couler. On suspendit aux vergues de grosses masses de pierre ou de plomb pour les laisser tomber sur les navires ennemis; enfin le feu fut aussi employé comme moyen de destruction, et l'on apprit à lancer des dards enflammés, des vases remplis de matières brûlantes : c'est ainsi qu'à la bataille d'Actium le feu dévora presque toute la flotte d'Antoine.

Les Grecs, les Carthaginois et les Romains sont les premiers peuples qui paraissent avoir fait de la guerre navale un véritable art: ils rangeaient leurs flottes en demi-lune ou chevron brisé, les pointes tournées vers l'ennemi; puis, au signal donné, les avirons (car alors on ne se servait pas de voiles pendant le combat) tombaient ensemble sur l'eau, et la lutte commençait. Quelquefois on cherchait à couper les avirons de son adversaire, c'est ce que les Romains appelaient *remos detergere;* on courait sur lui à contre-bord avec toute la vitesse possible, on rentrait rapidement ses avirons, on serrait le navire ennemi de long en long, afin de lui briser toutes les rames qu'il avait en dehors, puis on le quittait pour le prendre en flanc et le percer de l'éperon. On faisait usage de toutes sortes de projectiles : Annibal s'avisa de remplir des pots de terre avec des vipères et de les briser sur les ponts des Romains; les flottes employées aux siéges furent chargées de béliers et de balistes, et cette dernière arme resta sur l'avant des navires de guerre jusqu'à l'invention de la poudre à canon. Archimède, dit-on avait imaginé un harpon à l'aide duquel il saisissait les bâtiments ennemis sous les murs de Syracuse, les enlevait en l'air, et les brisait ou les coulait en les laissant retomber à la mer.

Les Celtes furent les premiers qui firent usage des voiles pendant le combat qu'ils livrèrent aux Romains, à Doriorigum. La construction de leurs vaisseaux, beaucoup plus gros, devait leur assurer la victoire; mais les éléments se tournèrent contre eux. Au milieu du combat, il survint un calme plat qui rendit immobiles leurs gros navires; César les attaqua alors de tous côtés avec impétuosité avec ses innombrables galères, les enleva à l'abordage, et anéantit leur flotte.

Aux Carthaginois et aux Romains succédèrent les Vénitiens, les Pis, les Génois et leurs nombreuses flottes; mais ils n'apportent aucun progrès dans l'art de combattre; leurs galères tant vantées sont mises en mouvement à force de rames, qui sont celles connues depuis longtemps. Enfin les peuples du nord et de l'ouest de l'Europe prennent rang parmi les puissances maritimes, et, des rives où les Celtes et leur marine avaient été détruits par César, sortent de nouvelles flottes qui vont disputer à toutes les nations l'empire des mers.

La France et l'Angleterre entrent en lutte, et, dès le xie siècle, commence entre les deux nations cette rivalité qui leur a coûté tant de sang, qui dure encore aujourd'hui, et dont on ne saurait pressentir la fin. En 1213, ces deux peuples combattaient déjà avec des flottes de 5 et 600 voiles, et, dans ces batailles sanglantes, le vainqueur brûlait ou coulait à l'ennemi jusqu'à 400 navires chargés de soldats. Ici commence l'aurore d'un grand progrès : les bras des rameurs ne sont plus exclusivement la force motrice, et l'on commence à combattre sous voiles. Dans l'année 1217, les Anglais battirent une flotte française en profitant de l'avantage du vent, et jetant dans l'air de la chaux vive en poussière, qui, portée dans les yeux des Français, les aveugla et répandit dans leurs rangs un affreux désordre.

Dès que les nations limitrophes de l'Océan eurent saisi le sceptre des mers, la marine prit un grand essor : les vaisseaux qu'on employa furent beaucoup plus gros, un nouvel ordre de bataille s'établit; les archers suppléèrent à l'artillerie, les voiles remplacèrent les avirons, et l'on n'en fit plus usage que comme auxiliaire pour gagner l'avantage du vent, ou dans les retraites, ou dans le calme.

L'usage du canon dans les batailles navales commença en 1372. *Froissard* dit que, dans la victoire que les flottes combinées d'Espagne et de France remportèrent cette année sur les Anglais devant la Rochelle, les navires portaient des canons. Cette nouvelle arme introduite, l'art marche encore lentement; il reste comme stationnaire pendant le xve siècle. Ce n'est qu'au xvie siècle qu'il est réellement en progrès : ce ne sont plus des nuées de bateaux qui se heurtent et se brisent dans les batailles, mais des escadres de 30 à 40 gros vaisseaux, dont quelques-uns jaugent jusqu'à 1,200 tonneaux; leurs flancs sont armés de canons, et dès-lors aussi les mouvements généraux bien combinés, qui décident le gain des batailles, commencent à être mis en exécution.

L'art des combats sur mer prit tout-à-coup un grand développement dès le commencement du xviie siècle. Les luttes sanglantes des Français, des Anglais et des Hollandais donnèrent lieu à son essor. Alors apparaissent plusieurs chefs habiles

qui comprennent la guerre sur mer : les Tourville, les Duquesne, les Tromp et les Ruyter; avec eux apparaissent aussi
les savantes combinaisons dans la manœuvre des escadres,
qui, si elles ne décident pas le succès d'une bataille, y contri-
buent considérablement. Désormais, on n'emploie plus indif-
féremment les vaisseaux de ligne et les frégates : les premiers
seuls entrent en ligne de bataille, les seconds servent à porter
des ordres ou à remplir des missions secondaires, et les
flottes sont toujours suivies de brûlots et autres bâtiments
incendiaires, complément nécessaire d'armement.

Quoique ce siècle ait vu naître la vraie science des évolutions navales, il y a loin encore des combats de ce temps aux
nôtres; les mêlées étaient moins sanglantes, et l'on ne se
battait pas à outrance comme aujourd'hui. Qu'on compare
le désastre de la Hogue, si funeste à la marine de Louis XIV,
avec Aboukir ou Trafalgar, quelle différence dans les résultats!
Le courage ne manquait point; mais les moyens de destruction
étaient moins puissants; l'artillerie n'avait pas atteint le degré
de perfection où elle est arrivée de nos jours.

Blake, le premier, apprit aux marins à mépriser les forteresses élevées à terre. Dans la baie de Santa-Cruz, il fit voir
qu'une flotte fortement embossée n'est pas inexpugnable, et,
bientôt après, Vivonne à Palerme, et d'Estrées à Tabago, ré-
pétèrent ces sanglantes leçons ; Ruyter et Tourville posèrent
les vrais principes de la manœuvre des flottes, et pendant
quelque temps la France saisit le sceptre des mers.

Enfin, en 1782, Georges Rodney fit une savante et glorieuse
application des principes de l'art que l'on commençait à en-
seigner en Angleterre : il sut porter rapidement une masse

considérable de forces sur une seule partie de la ligne ennemie, et c'est par ce moyen qu'il écrasa le comte de Grasse
avant que le reste de son armée pût accourir pour le dégager;
de ce moment aussi datent les immenses succès de la marine
anglaise : en vain La Motte-Piquet déploya-t-il contre elle la
plus héroïque valeur, en vain plusieurs capitaines français se
signalèrent-ils par des traits d'une audace inouïe, ils n'obtin-
rent que des avantages partiels; désormais la victoire fut
organisée sur les flottes britanniques; leurs généraux étaient
initiés aux secrets de l'art.

Le XIXᵉ siècle a vu nos désastres et la gloire de Nelson

Dans un combat singulier, l'avantage est toujours du côté
du navire qui a su saisir la position *du plus près du vent,*
parce que c'est celle qui offre le plus de ressources; elle est
comme le centre de toutes les manœuvres que peut exécuter
un navire. Il y a donc, relativement au vent, deux positions
pour les navires qui combattent : *au vent* et *sous le vent;* cha-
cune d'elles a ses avantages et ses inconvénients. Le navire
au vent est maître d'aborder son adversaire quand il le juge à
propos et à la distance qui lui convient; il n'est pas gêné par
la fumée des canons, ni par celle de l'ennemi, et il peut, en
consentant à changer sa position, et en passant sous le vent,
prendre l'ennemi en poupe et en proue, et lui lancer une
bordée d'enfilade. Mais si le vent est frais et la mer grosse, un
vaisseau au vent ne fait que difficilement usage de sa batterie
basse, quelquefois même il lui est impossible de s'en servir;
de plus, le pointage des canons est très-inexact; de sorte que,
en cette circonstance, une frégate sous le vent peut combattre
un vaisseau de ligne au vent à armes égales. Ici, tout dépend

du courage, de l'intelligence et du coup d'œil de l'officier commandant : c'est à lui à déterminer la position qu'il doit choisir,
s'il a plus d'avantage à combattre à distance et à coups de
canon, ou si, au contraire, c'est l'abordage qu'il doit recher-
cher.

L'abordage est sans contredit la manœuvre la plus auda-
cieuse de nos combats sur mer; mais quelle supériorité a
l'équipage d'un vaisseau abordé pour se défendre contre les
matelots qui sautent à son bord ! Aussi ne doit-on le tenter
que quand on a balayé le pont de l'ennemi avec des grenades
ou par un feu vif de mousqueterie. C'est dans ce genre d'attaque
que la valeur française brille de tout son éclat. Jamais les
matelots français n'ont manqué de courage; chaque fois que le
signal à l'abordage leur a été donné, ils l'ont accueilli avec
des *hourra* d'enthousiasme.

Dans un combat général, le général en chef doit avoir mé-
dité d'avance son plan de bataille; car il y a un extrême
danger à manœuvrer sous le feu de l'ennemi. Le devoir du
capitaine de vaisseau est alors de tout mettre en œuvre pour
assurer la prompte exécution des plans de son général. En
thèse générale, les plus grandes combinaisons d'un amiral se
réduisent à porter sur un point attaqué plus de forces que n'en
a l'ennemi, à rendre inutiles aussi longtemps que possible
une partie de l'armée qu'il combat; enfin, à rompre la ligne
ennemie pour y jeter le désordre, en la forçant à manœuvrer
au milieu du feu.

Ainsi que dans les combats singuliers, il y a deux positions
pour les escadres relativement au vent : *au vent* et *sous le*

vent; la première est celle que l'on doit presque toujours préférer, aujourd'hui surtout que l'on se bat à outrance

Autrefois, on trouvait de l'avantage à doubler les ennemis par la queue; alors on songeait à recueillir les navires avariés. De nos jours, on conseille de doubler la ligne par la tête; on veut à tout prix détruire son adversaire, et cette manœuvre le met en désordre. Dans une mêlée générale, les lignes de bataille sont confondues; chaque capitaine doit s'occuper à faire à l'ennemi tout le mal qu'il pourra; et comme, au milieu de la fumée, les signaux ne peuvent être aperçus, on doit admettre, en principe, que tout vaisseau est à son poste quand il est au feu.

A la mer, ce n'est pas comme sur terre, l'habileté ne peut guère suppléer au nombre, et une escadre très-inférieure doit être nécessairement battue. Alors il ne faut prendre conseil que de son courage, on pourrait dire de son désespoir.

Ce n'est pas seulement en pleine mer et sous voiles que les escadres combattent; souvent aussi les rades sont le théâtre de combats généraux entre deux flottes à l'ancre. Dans l'attaque d'une escadre embossée, il s'agit de vaincre ou de périr; le général doit évidemment diriger toutes ses forces contre une seule partie de la ligne ennemie, c'est celle du *vent;* car alors celle de *sous le vent* ne peut pas aisément venir prendre part à l'action. Il doit engager de très-près, afin de paralyser le feu des batteries de terre, qui seraient alors exposées à frapper à la fois amis et ennemis; destiner quelques vaisseaux à gêner l'appareillage de l'arrière-garde, tandis que d'autres tenteront de mouiller entre deux vaisseaux de la ligne d'embossage pour les enfiler en poupe et en proue; et, autant que possible, former une double ligne qui puisse écraser l'ennemi, en le mettant entre deux feux. C'est par cette savante manœuvre que Nelson parvint à détruire, dans la rade d'Aboukir, la flotte française, commandée par l'amiral Brueys.

ANDRE DORIA

— 1468 —

La famille des Doria, une des plus anciennes, plus nobles et plus puissantes de Gênes, fournit plusieurs personnages célèbres à cette république. Plusieurs de ses membres servirent utilement leur patrie. Le premier des Doria qui se soit fait un nom dans l'histoire est Oberto, amiral des Génois; il commandait à la terrible bataille de la Métoria, vis-à-vis de Livourne, le 6 août 1284, et réussit à éteindre pour quelque temps la longue rivalité de Pise et de Gênes, en écrasant la marine des Pisans. Il avait sous ses ordres cent trente galères : Albert Morosini, son adversaire, en avait cent trois. Le combat fut soutenu pendant la moitié de la journée avec un acharnement sans exemple. Cinq mille hommes tués, onze mille faits prisonniers, sept galères coulées, et vingt-huit capturées, fut le résultat de cette grande victoire.

Lamba Doria, autre amiral des Génois, dans leur seconde guerre contre les Vénitiens, en 1298, ravageant les côtes de la Dalmatie avec quatre vingt-cinq galères, rencontra, le 8 septembre, devant Corcyre-la-Noire, l'amiral vénitien, André Dandolo, avec 97 galères. Le choc fut terrible : dix galères génoises furent coulées dès le commencement de l'action; mais Lamba Doria se rendit maître de quatre vingt-cinq galères vénitiennes qu'il brûla en grande partie, n'en conservant que dix-huit pour conduire à Gênes sept mille prisonniers, parmi lesquels Dandolo, qui expira de douleur en débarquant. Une paix glorieuse fut le résultat de cette victoire. Le fils de Lamba était au nombre des morts :

— Qu'on le jette à la mer ! dit-il à ses marins. C'est une belle sépulture pour celui qui meurt victorieux en combattant pour sa patrie.

Paganino Doria, dans la troisième guerre des Génois contre les Vénitiens fut opposé, en juillet 1351, avec soixante-quatre galères au terrible Nicolas Pisani. Il le bloqua dans Nègre-pont ; mais les Catalans et les Grecs étant venus au secours des Vénitiens, Paganino Doria se porta sur Ténédos dont il s'empara, et y passa l'hiver. Comme il se dirigeait sur Constantinople, Nicolas Pisani le rencontra dans l'étroit Bosphore de Thrace. Les deux flottes en vinrent aux mains le 13 février 1352, sous les murs de Stamboul. Des nuages épais qui les enveloppaient d'une profonde nuit, les vents furieux et la tempête rendirent cette bataille encore plus terrible. On combattait au hasard les éléments et les hommes : c'est seulement le lendemain que Doria reconnut qu'il était vainqueur. Treize de ses galères avaient été coulées à fond, il en avait pris vingt-six à l'ennemi ; mais le nombre des blessés était si grand sur sa flotte que l'épidémie lui enleva la moitié de ses équipages avant son arrivée à Gênes. Les Génois firent peser sur lui toute la responsabilité de cette terrible catastrophe en lui retirant les fonctions d'amiral. Ils furent punis de leur ingratitude par leur défaite à la Loiera, et Paganino Doria noblement rengé par son rétablissement dans sa charge. Le 3 novembre, il livra une seconde bataille à Nicolas Pisani, à Porto-Longo, et le prit avec ses trente-cinq galères et tous ses équipages. À bout de ressources, les Vénitiens acceptèrent une paix honteuse.

Dans leur quatrième guerre contre les Vénitiens, en 1378, les Génois envoyèrent Lucien Doria dans l'Adriatique avec vingt-deux galères. Il prit Rovigno en Istrie, pilla et incendia Grado et Caorlo, et porta l'épouvante jusque dans Venise.

Vettor Pisani, amiral de cette république, lui livra bataille devant Pola, le 29 mai 1379. Lucien Doria fut tué dès le commencement de l'action. *Ambroise Doria*, son frère, prit le commandement et décida du gain de la bataille en une heure et demie : quinze galères, et dix-neuf cents prisonniers, dont vingt-quatre nobles Vénitiens, tombèrent en son pouvoir, et Vettor Pisani, à son arrivée à Venise, fut jeté dans les fers comme coupable de s'être laissé vaincre.

Pierre Doria remplaça Lucien au commandement de la flotte qu'on porta à quarante sept galères. Il débuta par la prise de Chiozza, le 16 août 1379. Maître ainsi des fortifications que la nature a données à Venise, il se croyait déjà en possession de la ville. Les Vénitiens sollicitaient la paix à tout prix; le roi de Hongrie et le seigneur de Padoue, alliés des Génois, étaient d'avis de l'accorder.

— Non, non, répondit Pierre Doria aux ambassadeurs vénitiens; il faut que nous mettions nous-mêmes de bons mors aux chevaux de bronze de votre place Saint-Marc, afin de les forcer à se tenir tranquilles.

Réduite à la dernière extrémité, Venise eut recours à Vettor Pisani, comme sa seule branche de salut; elle fit tomber les fers qu'elle lui avait impitoyablement rivés deux mois auparavant, et lui confia sa défense. Jaloux de venger son échec, l'amiral, par des travaux habilement conçus, rend les canaux inabordables, et bloque adroitement Pierre Doria, avec sa superbe flotte, dans le port de Chiozza, qu'il venait de conquérir bravement. Celui-ci fit de vains efforts pour s'ouvrir un passage; il employa inutilement les expédients les plus hardis; Pierre Doria fut emporté d'un coup de canon, et les Génois expièrent d'un seul coup toute leur gloire passée.

Le nom des Doria que la célébrité des batailles avait emporté célèbre aussi dans la postérité, reçut un nouvel éclat à l'arrivée d'André Doria sur le théâtre des évènements qui désolaient sa patrie, dont il fut le restaurateur.

André Doria naquit à Oneille, en novembre 1468, au mo-

ment où deux factions turbulentes se disputaient la souveraineté de Gênes : c'étaient les Adorni et les Fregosi. Trop jeune
encore pour contrebalancer la puissance de ces deux familles,
et fortement impressionné des désastres qui pesaient sur sa
patrie, sans pouvoir lui venir en aide, il chercha de bonne
heure son indépendance à l'étranger, dans les camps.

André Doria donna dès sa plus tendre enfance des preuves d'un caractère ferme et résolu. Le trait suivant,
rapporté par le biographe Richer, fit pressentir sa gloire
future.

— « Le mari, dit cet historien, ne manquait jamais de le
recommander à sa femme avant de s'embarquer. Lorsqu'il
était parti, elle réunissait les soins maternels et paternels,
avait toujours les yeux fixés sur son enfant, et c'était le premier objet qu'elle présentait à son mari lorsqu'il était de retour. Un jour elle apprit qu'il venait d'arriver dans le port
d'Oneille avec deux galères ; elle se hâta de prendre son cher
enfant dans ses bras, courut au port, entra dans la galère où
son mari était et l'offrit à ses caresses. On assure qu'André
Doria, quoique dans un âge encore tendre, se plut tellement
dans la galère, qu'il y resta toute la journée, faisant aux matelots des questions sur tous les objets qui se présentaient à sa
vue. Lorsqu'on vit la nuit approcher, on se mit en devoir de
l'emmener, mais il s'y opposa, et sa mère fut obligée d'employer les menaces pour le faire partir. On se rappela, par la
suite, ce trait de son enfance, et on assura que c'était alors un
pronostic de sa grandeur future ?

André Doria embrassa de bonne heure le métier des armes,
et prit rang, dès l'âge de dix-neuf ans, dans les gardes du
pape Innocent VIII, placés sous les ordres de son oncle, *Do-
minique Doria*. Il se fit bientôt remarquer par son aptitude et
son adresse dans les exercices militaires.

A la mort d'Innocent VIII, des troubles ayant éclaté à Rome
par l'exaltation d'Alexandre VI, Doria passa au service de
Ferdinand-l'Ancien, roi de Naples, plus tard à celui d'Al-
phonse II. son fils, et, seul, de tous les officiers de ce prince,

il lui resta fidèle après l'invasion du royaume de Naples par Charles VIII, roi de France; il voulait même le suivre dans son exil, et ce fut les larmes aux yeux, que le pauvre roi fugitif, plein de reconnaisance pour un si grand dévouement, lui imposa de le quitter sur le port en lui disant

— « Doria, n'allez pas plus loin; pour récompenser vos talents et vos vertus, il faut un roi plus heureux que moi. Adieu, Doria, mon malheur est au comble; je perds un trône, et ne puis conserver un ami tel que vous. »

La guerre civile désolait en ce moment l'Italie. Il résolut de s'en éloigner pour quelque temps, et partit pour la Terre-Sainte, où il fut reçu chevalier de l'ordre de Saint-Jean-de-Jérusalem. A son retour, ayant trouvé cette belle contrée encore en proie aux dissensions civiles, il se rangea sous les ordres de Jean de la Rovère, qui commandait dans le royaume de Naples pour Charles VIII, et qui tenait plusieurs villes en son nom. Malgré sa grande jeunesse, la Rovère ne craignit pas de lui confier la défense de Rocca-Guilielma qu'assiégeait le fameux Gonsalve de Cordoue. Il déploya une si grande intelligence et de si grands talents dans la défense de cette place qu'assiégés et assiégeants furent pénétrés d'admiration. Le fameux Gonsalve lui-même voulut connaître un si terrible adversaire. Il lui donna les marques de la plus haute estime et mit tout en œuvre pour le gagner à la cause du roi d'Espagne. Mais Doria était imbu de principes trop nobles pour prêter l'oreille à toutes les offres flatteuses qu'on put lui faire, il resta fidèle à la Rovère.

A vingt-quatre ans, il entra dans la marine, théâtre plus digne de son vaste génie, sur lequel il se couvrit de gloire *et de célébrité*. Il débuta dans sa nouvelle carrière par la course contre les Maures et les Turcs, qui infestaient la Méditerranée, et fit trembler les Barbaresques. Le 25 avril 1519, comme il se trouvait à la hauteur de Pianosa, avec six galères, il fut surpris par treize galères que le roi de Tunis avait envoyées pour le détruire. André Doria accepta résolument le combat; il attaqua les Maures avec tant d'impétuosité qu'il les battit

complétement, et leur prit six galères. Cette victoire lui fit une
réputation européenne.

Dans ce même temps, l'Autriche et la France se disputaient
la malheureuse Italie, qui se livrait tour à tour au vainqueur
le plus fortuné. André résolut de se dérober aux troubles qui
désolaient sa patrie, et fit proposer ses services à François Ier,
roi de France. Le monarque s'empressa de s'attacher un
homme d'un si grand mérite, et lui confia une escadre considérable avec laquelle il battit celle de Charles-Quint sur les
côtes de Provence. Puis volant au secours de Marseille que
de nombreuses forces de terre et dix huit galères, sous les
ordres du connétable de Bourbon, tenaient étroitement blo-
quée, il parvint à jeter des secours dans la place et contraignit les impériaux à lever le siége.

A la suite de la funeste bataille de Pavie (1525), où François Ier resta au pouvoir du vainqueur, André Doria essuya
tant de déboires de la jalousie de ses ministres, qui le voyaient
de mauvais œil, jusqu'à lui refuser la solde de ses matelots,
qu'il résolut de quitter le service de la France. Il ne le fit pas
cependant sans l'assentiment de François Ier, qui lui fit pro-
mettre, à son tour, de rentrer dans sa marine en temps meilleur. Charles-Quint chercha à l'attirer à son service, mais il
donna la préférence à Clément VII, qui le nomma général de
ses galères avec la mission de mettre les côtes de ses états à
l'abri des entreprises de l'empereur d'Espagne. Mais deux ans
après il quittait le service de Clément VII pour rentrer au service de François Ier, avec le titre d'amiral des mers du levant,
et contribuait à détacher les Génois de l'alliance de l'empereur.

Des services aussi éminents auraient dû engager le roi de
France à ne rien négliger pour s'attacher ce grand homme de
mer par tous les biens possibles ; mais ce grand monarque
eut la faiblesse de se laisser dominer par la jalousie toujours
croissante de ses ministres, de commettre l'imprudence de
mécontenter Doria et de l'obliger à quitter son service. Charles-
Quint, qui avait appris à apprécier les talents de cet illustre

marin, sut, en habile politique, l'attirer dans son service. Mais Doria, victime déjà des artifices d'une cour hypocrite, n'accepta les propositions de l'Empereur qu'en stipulant, pour récompense, la restauration de la liberté de sa patrie. Dès ce moment, ses compatriotes eux-mêmes le traitèrent comme un rebelle, et il fut déclaré déchu de sa charge de commandant général des galères; Barbesieux fut désigné pour le remplacer; on poussa même l'ingratitude jusqu'à donner à ce dernier la mission de s'emparer de sa personne, et cet homme, qui avait tant de fois versé son sang et exposé sa vie pour le salut de sa patrie, fut condamné à aller chercher asile sur une terre étrangère.

On va voir cet illustre proscrit se venger d'une si noire ingratitude en chassant les Français de Gênes et en rendant la liberté à sa patrie.

En effet, le 12 septembre, il arrive devant Gênes avec sa flotte; la terreur se répand aussitôt dans la place, qui craint de subir son juste ressentiment; les galères françaises, ne se sentant pas en état de lutter, se retirent, et Théodore Trivulce, qui n'a pu obtenir des secours, se renferme dans la citadelle. Doria entra dans Gênes non point en vainqueur mais en libérateur. Son premier soin fut de mettre un terme aux factions des Adornes et des Frégoses; d'abolir jusqu'à leurs noms; de rappeler les nobles aux emplois en les faisant les égaux des autres habitants, et établit enfin la nouvelle constitution qui a duré jusque dans ces derniers temps.

Ce fut ainsi qu'il mérita les titres de père et de libérateur de la patrie que lui décerna le sénat. Ses concitoyens rassemblés voulurent le nommer doge perpétuel; mais il refusa ce grand honneur, en leur disant :

— Non, souffrez que je le refuse. Il m'est plus glorieux de l'avoir mérité que de le posséder; je veux toujours être soumis aux lois de ma patrie comme le plus simple citoyen. Croyez-moi, je puis être plus utile à la République en lui gagnant, par mes services, la protection des grands princes, qu'en restant dans la ville pour juger les procès et apaiser les querelles des habitants.

Le Sénat, surpris d'un si grand désintéressement et d'une si noble modestie, et plein d'admiration pour son patriotisme, déclara qu'il lui fût érigé une statue d'airain sur la place principale, qui porterait désormais son nom, et que, sur cette place, il lui fut construit un palais aux frais de la République; que lui et ses descendants seraient exempts de tout impôt; que ce décret serait gravé sur une planche de cuivre et apposé dans le lieu le plus apparent de la place Doria, pour annoncer à la postérité les services rendus par ce grand homme, et de figurer comme un témoignage de la reconnaissance de ses concitoyens (1528).

Doria, qui s'était engagé au service de Charles-Quint, resta fidèle à sa parole. Ce monarque lui en témoigna sa reconnaissance dans une entrevue qu'il eut avec cet illustre marin à Barcelone, où, la figure rayonnante de joie, il lui tendit cordialement la main en l'assurant de sa haute estime. Doria, de son côté, lui renouvela ses protestations de dévoûment et de fidélité.

En 1538, Charles-Quint et François Ier eurent une entrevue à Aigues-Mortes; le roi de France s'étant rendu sur la galère de l'empereur que commandait Doria, tendit la main à l'illustre marin dès qu'il l'aperçut, en lui disant :

— « Doria, je veux bien, en considération de l'empereur, vous rendre mon amitié. »

L'amiral ne put se défendre de certaine émotion, et répondit à son ancien maître avec un ton plein de dignité :

— « Grand roi, c'est une justice que Votre Majesté doit me rendre. Lorsque j'étais à son service, je lui ai donné des preuves de mon attachement et de mon zèle. Au reste, ma personne et mes biens sont d'abord dévoués à l'empereur, ensuite à Votre Majesté. »

Le roi ne put dissimuler son regret d'avoir perdu les services d'un homme pour lequel il se sentait animé d'un sentiment de la plus grande affection et de la plus haute estime, et, se retournant vers Charles-Quint :

— « Prince, lui dit-il, vous avez fait en Doria une bonne acquisition. Ayez soin de le conserver. »

Combien Doria eût pu s'enorgueillir d'entendre les deux plus célèbres têtes couronnées de l'époque, dans leur rivalité jalouse, faire l'éloge de ses talents et de sa vertu, et se disputer sa possession comme une véritable puissance !

Soliman II, qui venait d'envahir la Hongrie, où il s'était emparé de plusieurs villes, offrit à Doria l'occasion de se signaler par de nouveaux exploits. Il proposa à Charles-Quint de faire une diversion sur les côtes de la Grèce, partit à la tête d'une expédition, et prit en peu de temps Coron et Patras. Ses conquêtes dans les Dardannelles, dont il détruisit les châteaux, après avoir complètement défait une armée de Turcs, qui marchaient à leur secours, forcèrent l'ambitieux et fier sultan d'évacuer la Hongrie et l'Autriche.

Soliman n'était pas d'un caractère à accepter de si grandes pertes sans chercher à en tirer vengeance. Il eut bientôt équipé une flotte formidable qu'il lança dans le Péloponèse; mais ces forces imposantes ne purent tenir devant le génie puissant de Doria, qui les battit complètement à la première rencontre, et les força de rentrer dans leur port dans le plus grand délabrement et après avoir subi des pertes considérables.

En 1539, le fameux corsaire Barberousse ravageait par le fer et la flamme les côtes d'Italie. L'infatigable marin marcha à sa rencontre, et eut le malheur de le laisser échapper de Prévésa, ce qui fit répandre le bruit que ces deux rivaux, maîtres de la Méditerranée, s'accordaient secrètement pour éviter toute action décisive, tant il est vrai que le mérite, les talents et la vertu les plus incontestables ne sauraient être à l'abri des reproches même les plus injustes.

Ce fut vers cette époque que Charles-Quint, qui disposait en souverain de presque toute l'Europe, entreprit sa fameuse expédition contre Alger. L'Espagne et l'Italie envoyèrent leurs galères pour transporter cette immense *armada* que commandait Charles-Quint en personne. Et qui commandait toutes ces forces navales rassemblées? André Doria! Et qui avait-il pour volontaires à son bord? Le célèbre Fernand Cortès et ses trois fils! Les Colonna, les Spinola, les Pierre de Tolède, les Ferdinand de Gonzague, avaient fourni leur contingent de soldats disciplinés et bien aguerris; enfin le duc d'Albe lui-même, à la tête d'une foule de grands et de nobles d'Espagne, était sur cette formidable flotte, forte de deux cents vaisseaux de guerre, trois cents navires de charge et soixante-dix galères. Le choix d'André Doria, comme commandant de cette flotte innombrable, sur laquelle se trouvaient réunis tant d'hommes célèbres, est, sans contredit, le plus brillant éloge que l'on puisse faire de cet illustre marin.

Cependant cette formidable expédition fut loin d'obtenir les résultats qu'on devait en attendre. Ce ne fut point contre le couteau des Barbaresques qu'elle eût à se défendre, mais contre les éléments déchaînés qui l'engloutirent presque entièrement, et c'est avec la plus grande peine que Charles-Quint et Doria parvinrent à se sauver sur un bâtiment démâté menaçant de s'abîmer sous chaque effort de la tempête mugissante. Il était réservé à la France d'anéantir à tout jamais ce nid de pirates, l'effroi des navigateurs.

Il continua à commander en personne les galères de Charles-Quint jusqu'à l'âge de quatre-vingt-dix ans environ. Pour le récompenser des services éminents qu'il lui avait rendus, l'empereur l'avait fait grand-chancelier de Naples, prince de Melfi, marquis de Tursi; il l'avait de plus décoré de la Toison-d'Or.

A la paix de Crespy, que l'empereur et le roi de France conclurent en 1544, André Doria revint à Gênes pour jouir du repos qu'exigeaient son âge avancé et ses longues fatigues; mais sa tranquillité fut bientôt troublée. La jalousie d'une ancienne famille, sans égard pour les services qu'il avait rendus à sa patrie, sans respect pour son âge, pour la gloire et les honneurs qu'il s'était acquis par ses exploits, avait ourdi contre lui un complot dont il faillit être victime. L'insolence de

son neveu et son lieutenant, *Jeannetin Doria,* fit éclater l'orage
en 1547. L'instigateur même de cette conspiration, Jean-Louis
de Fiesque, comte de Lavagne, jeune seigneur, brillant et va-
leureux, mais aveuglé par l'ambition, périt dans l'entreprise ;
ceux de ses complices qui ne trouvèrent point la mort au
milieu de la lutte, durent chercher leur salut dans un exil
volontaire. Cet échec ne découragea point les ambitieux ; Jules
Cibo, peu de temps après, en ourdit une seconde, qui eut le
sort de la première, et qui lui coûta également la vie

Sur ces entrefaites, ce noble vieillard apprend que les corsaires d'Afrique continuaient à exercer leurs ravages sur les
côtes d'Italie. Soutenu par un reste d'énergie, il fit immédiatement équiper une flotte pour aller les châtier. Il se mit en mer
au mois de mars, et alla attaquer et détruire le fameux corsaire
Dragut dans l'île des Gerbes. A peine de retour à Gênes, il
reçut de l'empereur la nouvelle de la prise de l'île de Corse
par les Français, et l'ordre d'aller la faire rentrer sous la domination française. Quoique à l'âge de quatre-vingt-cinq ans, le
docile vieillard n'écouta que son devoir, et il eut le bonheur
de voir sa dernière entreprise couronnée d'un plein succès.

Enfin André Doria termina sa noble et glorieuse carrière
le 25 novembre 1560, à l'âge de quatre-vingt-treize ans.

MICHAEL-HADRIAN RUYTER

— 1607 —

Ruyter reçut le jour à Flessingue dans la Zélande en 1607. Ses parents, peu fortunés, le destinaient à la modeste profession de cordier; mais ses goûts et sa destinée l'appelaient à une vocation plus élevée. Doué d'une haute énergie, il avait le pressentiment de sa gloire future. Il s'échappa furtivement de la maison paternelle, et prit du service sur un vaisseau, où il trouva bientôt l'occasion de montrer un talent et une bravoure qui devaient faire un jour l'orgueil et la gloire de son pays.

Engagé comme simple matelot, Ruyter passa par tous les grades et parvint à celui d'amiral, ne devant son avancement qu'à son propre mérite. Sa carrière maritime est une preuve éclatante des succès qui attendent le génie qui marche résolument à son but et qui sait renverser les obstacles insurmontables pour le commun des hommes. Dans toutes les expéditions navales auxquelles il prit part, il s'acquit la réputation de marin aussi prudent qu'intrépide. Sa vie privée nous le montre comme un homme de mœurs simples et pures, constamment étranger aux pensées ambitieuses.

Lorsque la Hollande vint au secours du Portugal menacé à cette époque par la puissance alors formidable des Espagnols,

Ruyter commandait déjà en qualité de contre-amiral, l'escadre de sa patrie; et il mérita, par ses éminents services, la reconnaissance de la cour de Lisbonne. Ses expéditions contre les corsaires barbaresques ne furent pas moins glorieuses.

Lorsque, en 1654, la guerre éclata entre la Hollande et l'Angleterre, il prit part à cette campagne sous les ordres de l'amiral Tromp, et battit plusieurs fois l'amiral anglais Askin, qui cependant avait des forces supérieures. La paix ayant été signée en 1665, il entra dans la Méditerranée pour y croiser sur les côtes d'Afrique et y observer les pirates; Ruyter enleva plusieurs vaisseaux aux Turcs, et, s'étant emparé du célèbre renégat, Armand de Diaz, il le fit pendre au haut de son grand mât.

La nouvelle guerre qui éclata contre l'Angleterre l'appela sur un plus grand théâtre. Il avait déjà été anobli, ainsi que toute sa famille, par le roi de Danemark, en considération des services qu'il lui avait rendus dans ses hostilités contre les Suédois. Les états généraux de Hollande lui confièrent le commandement en chef des forces navales bien inférieures à celles de l'Angleterre. Ruyter se montra digne de cette marque de confiance. Après avoir porté un coup funeste à la puissance maritime de l'Angleterre dans les mers atlantiques, il la vainquit encore dans trois grandes batailles, dont la Manche fut le théâtre.

C'était en 1666. La France et la Hollande avaient de nouveau déclaré la guerre à l'Angleterre. Par un raffinement politique de Louis XIV, la flotte hollandaise parut seule dans la Manche, sous les ordres de Ruyter, qui, par suite de la disgrâce de Tromp, venait d'être élevé à la dignité de lieutenant-général-amiral. Il arbora son pavillon sur les Sept-Provinces, vaisseau de quatre-vingts et cité comme le plus magnifique navire de la marine hollandaise, et se rendit directement à l'embouchure de la Tamise. Les deux flottes se livrèrent la bataille dans les premiers jours de juin; l'action fut des plus terribles et dura plusieurs heures: mais enfin les Anglais furent obligés de battre en retraite après avoir éprouvé des pertes considérables en hommes et en navires.

Une lettre du comte d'Estrades, ambassadeur en Angleterre, au roi, sous la date du 17 juin, rapporte que :

— M. le prince de Monaco et M. Armand de Grammont, comte de Guiche, fils de M. le maréchal de Grammont, étant sur le vaisseau du capitaine Terlon, second de l'amiral de Ruyter, furent les premiers qui chargèrent les ennemis, et ensuite abordèrent si vivement le vice-amiral du pavillon rouge, qu'ils en vinrent aux coups de pistolet; ce combat dura deux heures. Au moment où ils croyaient se rendre maîtres du vaisseau ennemi, le feu prit dans le leur : ils travaillèrent autant qu'il se put pour l'éteindre ; mais le feu ayant déjà gagné les voiles, MM. de Monaco et de Guiche se déshabillèrent et se mirent en caleçon pour se jeter à la mer avant que le feu prît aux poudres. Dans cet instant, un des vaisseaux hollandais passant, il s'accrocha à la pointe de celui où ils étaient, et ses maîtres, avec trois ou quatre, eurent le temps de se jeter dedans avec leurs épées, et se sauvèrent de la sorte. Le vaisseau où ils entrèrent était commandé par le frère de l'amiral de Ruyter, qui alla au secours d'un autre vaisseau fort maltraité. Ils combattirent encore trois heures sur ce vaisseau, jusqu'à ce qu'il fut mis hors de combat et qu'on le vint secourir. M. le prince de Monaco et M. le comte de Guiche, avec le sieur de Nonitel, qui ne les avait pas abandonnés, furent menés dans cet équipage au vaisseau de l'amiral de Ruyter, qui les reçut avec joie et leur fit donner des justaucorps. Ce fut le dernier jour du combat, et qui fut le plus rude; ces messieurs furent toujours par tous les lieux où il y avait le plus de péril, et M. le comte de Guiche fut blessé au bras et à l'épaule d'un éclat de canon; il a perdu trois de ses domestiques et l'écuyer de M. le maréchal de Grammont.

Louis XIV fit un éloge si pompeux de la conduite de MM. de Monaco et de Guiche que trois autres chevaliers, MM. de Caroye, d'Harcourt et de Coislin demandèrent à aller servir comme volontaires sous les ordres de Ruyter. Ils acquirent aussi leur part de gloire comme on le verra plus tard. C'est aussi à cette circonstance que le célèbre Jean Bart dut de passer au service de la Hollande, car ce fut lui qui les conduisit à bord du vaisseau *les Sept-Provinces*, sur lequel il fut enrôlé sur sa demande.

La flotte hollandaise, composée de plus de quatre-vingts navires de guerre, était dans ce moment mouillée à la hauteur des bancs d'Harwich. Peu de jours après l'arrivée des volontaires, Ruyter mit à la voile pour aller à la recherche de la flotte anglaise. Les deux flottes se rencontrèrent le 4 août dans les eaux du sud Foreland et les bancs de Flandre où elles mouillèrent. Les préparatifs de combats se firent pour le lendemain. Au lever du soleil, la flotte anglaise s'avança sous voile par une jolie brise de nord-est-quart-ouest. Cependant l'action ne s'engagea que sur le coup de midi. Bientôt après, les deux flottes disparurent au milieu d'un nuage de fumée, et l'on n'entendit plus qu'un bruit effroyable causé par l'artillerie. Le feu ne cessa que vers les neuf heures du soir. Ruyter fut blessé au bras d'un éclat de boulet. Quoique ses vaisseaux fussent très-endommagés comparativement à ceux des ennemis, il n'en accepta pas moins la bataille le lendemain matin. La flotte anglaise, profitant du vent, arriva sur lui en forme de croissant et manœuvra pour le cerner. Le combat s'engagea aussitôt sur toute la ligne. Dès le commencement de l'action, comme Ruyter se levait du siége où il venait de conférer avec le capitaine Van-Nès, une volée de canon passa et emporta le siége. Le danger auquel l'amiral venait d'échapper, par un hazard providentiel, se répandit bientôt sur toute la flotte et redoubla l'ardeur des matelots, qui firent des prodiges de valeur. La canonnade durait depuis plusieurs heures lorsqu'un cri terrible : *Un brûlot!* se fit entendre sur *les Sept-Provinces*. Cette nouvelle jeta un peu de tumulte à son bord ; mais l'air calme de Ruyter, qui était là, sa trompette de marine à la main, armé d'une cuirasse et d'un morion, et le sang-froid avec lequel il commanda la chaloupe des palanquins à la mer rassura bientôt tout le monde. Cette chaloupe, sous les ordres de maître Lely, montée par MM. de Caroye, d'Harcourt, de Coislin, Jean Bart et quelques autres matelots, et armée à l'avant d'un canon de coursier de galère, avait pour mission d'aller à la rencontre du brûlot et de le couler. Chaque matelot avait à la ceinture un pistolet, un coutelas et une hache d'abordage, et un mousquet aux pieds. Abritée par les flancs du vaisseau, et enveloppée dans une vapeur jaune et épaisse comme la brume de mer, tant la fumée de la poudre était compacte, la chaloupe put facilement être cachée aux regards des officiers du brûlot. L'acalmie qui régnait en ce moment lui permit aussi de manœuvrer droit sur le brûlot. Enfin sur un signe que fit Ruyter avec sa trompette marine, maître Lely s'écria d'une voix terrible :

— *Débordez, enfants.*

Au même instant, les Sept-Provinces lui envoya une volée qui jeta à bas toute la mâture. Presque aussitôt les matelots de l'avant de la chaloupe, qui se trouvait bord à bord du brûlot, inondèrent le pont de leurs grenades, qui le nettoyèrent malgré une volée de mitraille qui atteignit maître Lely et lui emporta la cuisse gauche. Ce brave matelot n'en continua pas moins à gouverner la barre placée sous son bras, se faisant indiquer la manœuvre par Jean Bart, qui, monté bravement sur un banc, lui disait de loffer ou d'arriver, selon la circonstance. La lutte devint des plus acharnées de part et d'autres. Tout-à-coup Jean Bart cria que la chaloupe du brûlot débordait.

— Sciez, sciez... babord, commanda Lely de sa voix tonnante, et, se levant à genoux malgré sa blessure, il vira de bord en criant : — *Avant partout*, le brûlot va sauter.

En effet, trois minutes après au plus, le brûlot s'abîmait avec un fracas épouvantable.

— A l'Anglais, s'écria de nouveau Lely, à l'Anglais ! dirigeant 'a barre sur la chaloupe du brûlot qui présenta bravement le travers. La lutte commença alors corps à corps et, après une défense héroïque, la chaloupe du brûlot fut amarinée.

Le combat se maintint avec le même acharnement jusqu'à la nuit. Cependant Ruyter jugea à propos de battre en retraite, et les Anglais étaient tellement endommagés eux-mêmes qu'ils n'osèrent pas le suivre.

On raconte que le célèbre peintre, Guillaume Vanden Velde qui était l'ami intime de Ruyter, était à bord du vaisseau *les Sept-Provinces*, et que quand la chaloupe fut mise à l'eau pour aller attaquer le brûlot, emporté par la passion de son art, il prit place à l'arrière, armé de parchemin et de son crayon, et qu'il fit une espuisse de ce combat terrible sous une pluie de balles et de mitraille.

Ce fut à cette époque que l'amiral de Ruyter reçut la nouvelle de la mort de sa plus jeune fille, victime de la peste qui régnait alors à Flessingue, et dans le même moment, M. de Caroye fut chargé, par M. d'Estrades, de lui remettre une lettre, par laquelle Louis XIV lui conférait l'ordre de Saint-Michel. La cérémonie se fit avec la plus grande pompe possible. M. d'Estrades lui remit ensuite un magnifique portrait de Louis XIV, dont la garniture en diamants n'était pas évalué à moins de trente mille francs, puis une grosse chaîne d'or d'un travail merveilleux, à laquelle était suspendue une médaille ayant d'un côté le buste du roi et au revers un soleil levant, avec sa devise : *Nec pluribus impar.*

Le comte d'Estrades lui dit en même temps.

— Le roi mon maître m'a aussi remis cette lettre pour vous, monsieur l'amiral, mais en me donnant l'ordre d'en faire lire à haute voix le contenu, afin que chacun sache et connaisse ce que votre modestie voudrait peut-être céler.

Or voici ce qui fut lu à haute voix.

— « Aujourd'hui, vingt-deuxième jour d'août 1666, le Roi étant à Vincennes, bien informé des importants et recommandables services que rend depuis plusieurs années le sieur Ruyter aux sieurs états-généraux des Provinces-Unies des Pays-Bas, qui lui ont fait mériter la charge de leur amiral, et voulant lui départir des effets de son estime qui correspondent à

Batailles navales. 3

l'estime que Sa Majesté fait de sa personne, et aux preuves
qu'il a si souvent données de sa valeur et de sa grande expérience au fait de la guerre et du commandement des armées
navales ; Sa Majesté lui a fait don par le présent brevet de son
portrait enrichi de diamants, et d'une chaîne d'or, et, dési-
rant par ce témoignage faire connaître au public la considération qu'elle fait du courage et des talents extraordinaires qu'elle
a reconnus en la personne du sieur Ruyter, elle a cru qu'en
cette rencontre elle ne pouvait le faire plus avantageusement
qu'en prenant soin que cette marque d'honneur soit conservée
dans sa famille. Pour cet effet, Sa Majesté a ajouté cette condition, et a déclaré et entendu, entend et déclare bien expressé-
ment, qu'après la mort dudit sieur Ruyter, son dit portrait enrichi de diamants, ensemble ladite chaîne d'or p........
partiennent au sieur Angel de Ruyter, son fils aîné, sans
les autres enfants et héritiers y puissent prétendre aucun
part ; en quoi Sa Majesté s'est portée d'autant plus volontiers
qu'elle a déjà conçu une fort bonne opinion du mérite person-
nel dudit sieur Angel de Ruyter, qui lui donne lieu d'espérer qu'il héritera de toutes les grandes qualités d'un si illustre
père, et c'est par cette considération que Sa Majesté a voulu
lui donner en son particulier des preuves de sa volonté ;
et pour témoignage d'icelle elle m'a commandé d'en expédier
le présent brevet, qu'elle a voulu signer de sa main, et être
contresigné par moi son conseiller et secrétaire d'état, et de
ses commandements et finances.   » Louis. »

La fin de la lecture de cette lettre fut accueillie par les murmu-
res les plus flatteurs, et le vieil amiral, plein d'émotion, serrant
la main de M. d'Estrades avec la franche cordialité de marin,
s'écria :

— Hormis ce que je dois aux Provinces-Unies, dites bien au
roi de France que je serai toujours à lui comme le plus fidèle
et le plus dévoué de ses serviteurs.

Quelques temps après, Ruyter surprit la flotte anglaise dans
le port de Chatam et la détruisit presque entièrement. Cet échec

de l'Angleterre amena enfin la paix, qui fut signée à Breda, le 31 juillet 1667.

Le 22 du mois de mai 1670, à l'instigation de *Madame* (Henriette d'Angleterre, fille de Charles Ier, et sœur de Charles II, roi d'Angleterre), un traité d'alliance entre Louis XIV et Charles II fut signé, et la guerre fut déclarée aux États-Généraux des Provinces-Unies des Pays-Bas dans les premiers jours de l'année 1672.

Ruyter ayant reçu le commandement de la flotte, partit de la Meuse le 29 avril. Chemin faisant, il reçut une lettre de M. Corneille de Witt (frère de Jean de Witt), ruart de Putten, et député plénipotentiaire des Provinces sur la flotte, qui lui donnait avis de venir au Texel joindre une partie de l'armée qui y était au mouillage. Ruyter fit son entrée le 3 mai.

Dès le lendemain, un ordre des députés des États lui enjoignit de hâter l'équipement et la sortie de l'armée. Les pilotes du Texel furent immédiatement requis de sortir la flotte par Spanjaarts-Gat (*le passage espagnol*). Ces derniers refusèrent de hasarder dans ce chenal les *Sept-Provinces* et les deux autres pavillons amiraux, prétendant qu'il n'y avait pas assez de fond pour des vaisseaux d'un aussi haut bord.

Ruyter et de Witt, qui avaient une connaissance parfaite de cette côte, et qui savaient également qu'il n'y avait aucun danger, ne purent vaincre leur opiniâtreté. Ruyter, qui avait conçu le projet de descendre au plus tôt dans la Manche pour s'opposer à la jonction des flottes française et anglaise, comprenait les conséquences fâcheuses qu'un plus long débat pourrait entraîner. Aussi prenant avec lui M. Jean de Witt, son premier pilote, et un des pilotes récalcitrants, il se jeta dans une chaloupe, et alla s'assurer du sondage du Spanjaarts-Gat. L'opération dura trois heures. Pendant ce temps une grande agitation régnait sur toute la flotte. Toutes les lunettes étaient braquées sur la pointe du Texel, dans l'espoir de le voir doubler à chaque instant par l'amiral. Les quelques rafales de la brise expirante et la pluie froide qui tombait en assez grande abondance ne purent disperser les groupes assemblés sur la dunette, tant était grande la curiosité et même l'inquiétude à bord.

Enfin la vigie du grand mât des *Sept-Provinces* signala le pavillon amiral qui flottait à l'arrière de la chaloupe. Cette nouvelle fut accueillie par un hourra général. La joie des spectateurs était impossible à décrire. L'embarcation, poussée par un vent frais et s'inclinant gracieusement sous ses voiles, arriva bientôt à poupe du vaisseau amiral. Ruyter, debout à l'arrière de la chaloupe, le regard animé, ses cheveux blancs au vent, ruisselant d'eau de mer et de pluie, et faisant un porte-voix de ses mains, ne put s'empêcher de crier aux députés et aux officiers, avidement penchés sur la galerie :

— Quarante-cinq pieds d'eau au plus bas fond, j'en étais bien sûr !

Arrivé sur le pont, Ruyter, dont l'irritation était à son comble, marcha droit au groupe de pilotes :

— Eh bien ! messieurs, leur dit-il, vous voyez les consé. quences de votre opiniâtreté. Votre refus n'a point d'excuses, et votre conduite m'oblige de vous renvoyer prisonniers au Texel, laissant à votre collège le soin de décider de votre sort, car elle demande un exemple éclatant.

Les vents contraires empêchèrent Ruyter de quitter le mouillage du Texel avant le 9 mai, et de rallier la flotte qui l'attendait sous voile au dehors du Texel. Cette flotte était composée de soixante-sept voiles. Ruyter la divisa en trois escadres, se réserva le commandement de celle du centre, forte de seize vaisseaux, quatre frégates, quatre yachts et six brûlots, mit l'avant-garde, composée de quinze vaisseaux, quatre frégates, six yachts et six brûlots, sous les ordres du lieutenant-amiral Van-Gent, et l'arrière-garde, composée de vingt vaisseaux, trois frégates, trois yachts et cinq brûlots, sous les ordres du lieutenant-amiral Baukert.

Il partagea l'escadre du centre en trois divisions, et une fois en pleine mer, les *Sept-Provinces*, sur lequel flottait son pavillon, fut mis en panne, et il manda à son bord les com-

mandants des deux divisions, MM. le·lieutenant-amiral Van-
Nès et le lieutenant-amiral de Liefde.

— Messieurs, leur dit Ruyter, j'ai cru devoir vous faire connaître les intentions de monsieur le plénipotentiaire et les
miennes relativement à la campagne que nous allons entreprendre; M. Andriga, mon secrétaire, va vous en donner lecture, je vous prie de les écouter avec la plus grande attention.

Ordre et instruction donnée par le lieutenant-amiral de
Ruyter aux officiers qui sont sur la principale escadre de l'armée distribuée en trois divisions, auquel ordre ils seront
tenus de se conformer exactement :

« La première division, consistant en sept navires, un yacht
» deux brûlots, sera commandée par le lieutenant-amiral Van-
» Nès; la seconde, étant de sept navires, un yacht et deux
» brûlots, sera commandée par le lieutenant-amiral de Ruyter;
» la troisième division, consistant en six navires, deux yachts
» et deux brûlots, sera commandée par le vice-amiral de
» Liefde.

» Lorsqu'on fera vent arrière ou vent largue, le lieutenant-
» amiral Van-Nès, avec sa division, se tiendra à tribord du
» lieutenant-amiral de Ruyter ; en ce cas, le lieutenant-amiral
» de Liefde se tiendra de la même manière à bâbord.

» Mais lorsqu'on ira à la bouline (au plus près du vent), le
» lieutenant Van-Nès, avec sa division, fera la tête de l'esca-
» dre; le lieutenant-amiral Ruyter étant au milieu, et le lieu-
» tenant-amiral de Liefde, avec la sienne, fera la queue. En
» changeant de bord, les vaisseaux qui seront le plus de l'ar-
» rière vireront toujours les premiers, en sorte que le vice-
» amiral de Liefde se·trouvera alors à la tête du lieutenant-
» amiral de Ruyter, et le lieutenant-amiral Van-Nès à la
» queue; ainsi, toutes les fois qu'on revirera de bord, la divi-
» sion de l'avant se trouvera être à l'arrière, et celle de l'ar-
» rière sera à l'avant, chacun gardant d'ailleurs son rang. —
» Le même ordre sera tenu par chaque vaisseau en particu-
» lier lorsque les divisions mettront à l'autre bord, et par les

» divisions à l'égard des escadres entières. Mais les brûlots et
» yachts se rangeront toujours proche de l'arrière de chaque
» navire ou de la division où ils sont ordonnés par ces pré-
» sentes : les premiers, afin qu'à la faveur de la force et de la
» fumée de leurs canons, ils puissent être adressés avec réso-
» lution et succès ou à ceux des navires capitaux des ennemis
» qui pourraient avoir abordé les nôtres; et les yachts, afin
» qu'ils puissent porter les avis et résister aux brûlots des
» ennemis en faisant tous leurs efforts pour les détruire, et
» afin que , si quelqu'un de nos vaisseaux étant coulé à fond
» ou brûlé , ils tâchent d'en sauver les équipages, sur peine
» aux officiers, à faute de ce faire, d'être exemplairement punis
» en leur personne.

» Fait à bord des *Sept-Provinces* naviguant devant la pace
» du Texel, au sud-ouest quart au sud, le 9 mai 1672.

» Signé : C. de WITT, Michel ADRIANZ de RUYTER ».

— Cette instruction, messieurs, dit Ruyter, après cette lecture terminée, — doit être votre règle de conduite : en agissant
ainsi en parfait accord, nous pouvons espérer d'amener cette
guerre à bonne fin.

— Oui, Messieurs — ajouta Corneille de Witt — avec l'aide
de Dieu, et votre énergique secours, nous soutiendrons bravement l'honneur de notre drapeau. Souvenez-vous d'ailleurs
de Chatan et de Goéré, où le brave amiral qui vous commande
vous conduisit à la victoire.

— Vous pouvez compter sur tout notre bon vouloir, répon-
dirent MM. Van-Nès et de Liedfe.

Ruyter donna encore quelques instructions relatives aux
signaux, et les amiraux retournèrent à leur bord. Puis s'adres-
sant à son chef de pavillon.

— Monsieur Gent, faites le signal à l'escadre d'imiter ma
manœuvre, et dites à M. Ziéger de mettre le cap est-sud-est
quart sud.

Quelques instants après, la flotte hollandaise s'avançait sous toutes voiles dans la Manche pour empêcher la jonction des escadres alliées.

Mais, ainsi que l'avait prévu Ruyter, il était trop tard; l'ignorance ou l'opiniâtreté des pilotes du Texel eut des suites irréparables, comme on va le voir.

En eff.t, les flottes française et anglaise réunies étaient au mouillage da s la baie de *Solebay*. Elles étaient divisées en trois escadres: l'escadre blanche, ou avant-garde, commandée par le vice-am ral d'Estrées; l'escadre rouge, ou corps de bataille, commandée par M. le duc d'York; l'escadre bleue, ou arrière garde, commandée par le Comte de Sandwich.

Le 6 juin au matin, Ruyter se trouvait à dix milles du North-Foreland, où il apprit d'un bateau charbonnier la position de la flotte combinée. Il fit immédiatement force de voiles dans cette direction, dans l'espoir de surprendre le duc d'York au mouillage. Peu s'en fallut que son espérance ne reçut un plein succès.

En effet, le 7 au matin, la frégate *l'Eole*, qui était en croisière pour surveiller les ennemis, découvrit, dès le lever du soleil, la flotte hollandaise qui s'avançait sous toutes voiles. Au cri poussé par la vigie : Voici l'ennemi, le capitaine, M. de Cogolin, braqua sa lunette vers le point indiqué pour s'assurer que ce n'était point une fausse alerte; et presqu'au même moment:

— Maître, faites virer de bord, — s'écria-t-il d'une voix tonnante. — Couvrez *l'Eole* de toutes ses voiles, et la barre droit à Solebay. — Canonniers, à vos pièces, — cria-t-il encore — et faites feu de toute votre artillerie. — Mes enfants, ajouta-t-il, que *l'Eole* parle aux yeux et aux oreilles de nos camarades de Solebay qui ne s'attendent pas à commencer sitôt le branle.... Courage, enfants!.... Courage! si nous arrivons à temps, *l'Eole* aura sauvé l'armée? Son pressentiment n'était que trop fondé; car le duc d'York et le comte d'Estrées étaient encore couchés au moment où il accosta leurs navires ; de plus, une partie des équipages était allée à terre, et les barques longues de l'escadre française y étaient mouillées pour le service de l'eau.

Sans nul doute, par sa vigilance, le capitaine Cogolin sauva l'armée, car, n'eût été l'avis qu'il en donna, elle eût été surprise à l'ancre.

Sur l'ordre du duc d'York, le comte d'Estrées fit couper ses câbles, appareilla sans perdre de temps, et le branle-bas de combat retentit dans toute la baie.

A peine arrivait-il dans la passe de la baie, qu'il aperçut la flotte hollandaise, le cap droit sur la passe et sur une seule ligne. Le comte d'Estrées laissant arriver vers le sud, l'action s'engagea au nord entre les flottes anglaise et hollandaise.

Les relations de ce combat sont contradictoires. Chacun des chefs la fit à bon point de vue; voici celle de l'amiral de Ruyter, ou du moins les passages les plus intéressants, extraits de sa vie. . . . .

. . . .

» Ruyter, de qui l'escadre gouvernait sur l'escadre rouge, dit à son premier pilote : *Pilote Zeger*, *voilà notre homme*, montrant du doigt le duc d'York. Le pilote, ôtant son bonnet, répondit, à la matelotte : *Monsieur, vous allez le rencontrer*. Et, en disant cela, il arriva droit sur lui, jusqu'à une portée de mousquet. Alors l'amiral anglais vint lui prêter le côté, et lui envoya une bordée, à quoi le Hollandais répondit de toutes les siennes, ce qui couvrit l'air d'une si épaisse fumée, qu'il n'y eut plus moyen de rien apercevoir, le peu de vent même qu'il faisait étant tout à fait tombé dans ce moment là, comme si c'eût été sous les coups qu'on avait tirés. Il est impossible de ßen représenter ni même de s'imaginer toute l'horreur du combat qui suivit cette première décharge. *Les Sept-Provinces* et l'amiral anglais furent pendant plus de deux heures au côté et sous le feu l'un de l'autre, tant qu'ils en demeurèrent tous désemparés. Le canon de Ruyter fut si bien servi, que des mousquets n'eussent pu tirer plus vite, et qu'enfin, sur les neuf heures, le grand mât de hune du duc d'York fut abattu avec son pavillon rouge; et il aurait alors couru grand risque d'être abordé par des brûlots, si le calme ne les en eût pas

empêchés. Il prit donc en cet instant le parti d'arriver et de
se séparer de Ruyter; mais sa place fut bientôt remplie par
plus d'un grand navire de son parti. Cependant il fut obligé
de passer à bord du *Londres* et d'y faire transporter son pavillon, qui y fut arboré; mais depuis il ne se rapprocha plus
de l'amiral de Hollande. A peu près en ce même temps, le capitaine Eugel de Ruyter, qui combattait en son poste dans la
division de son père, fut si fort blessé d'un gros éclat à l'es-
tomac, que, deux ou trois jours après, il ne pouvait plus ni
parler ni faire entendre aucune forme de voix. Ses lanternes
à cartouches avaient été vidées et remplies deux fois pendant
le combat: . . . . , ...

. . . .
» Il faut maintenant passer aux autres circonstances de
cette mémorable bataille. Dès le commencement, le lieutenant
amiral Van-Nès, avec quelques vaisseaux de sa division, porta
sur le vice amiral et le contre amiral de l'escadre rouge; et,
en leur faisant sa décharge, il courut le même bord qu'eux au
nord; mais le calme devint si grand au parage où ils étaient,
qu'ils ne faisaient que dériver les uns parmi les autres, et,
qu'il était impossible que les vaisseaux fissent assez de mouvements, on pour s'écarter, ou pour avancer, ou pour reculer.
Ainsi Van-Nès et le vice amiral de l'escadre rouge anglaise
furent tout proches et flanc à flanc l'un de l'autre pendant une
heure et demie, faisant un feu continuel, chacun sur son ennemi. Au même instant, Van-Nès perdit de vue le capitaine
Braakel, la fumée l'empêchant de plus rien voir tant soit peu
loin de son bord; et lorsqu'elle commença à se dissiper, il
aperçut des vaisseaux coulés bas; ce qui lui fit soupçonner
que celui de ce brave capitaine pouvait être de ce nombre.

. . . .
Sur le midi, *le Royal-Catherine*, navire anglais, monté de
quatre-vingts pièces de canon, et commandé par le Jean Chichely, fit chapelle à l'avant du lieutenant amiral Van-Nès, sans
pouvoir ni venir au vent ni arriver : ainsi ils dérivèrent longtemps, l'un proche de l'autre en s'envoyant sans cesse leurs

bordées. Alors un brûlot de la division Van-Nès se faisant na-
ger vers l'Anglais, celui-ci baissa l'enseigne de poupe et voulut se rendre. . . . .

» Jean Van Braakel, qui commandait *la Grande-Hollande,*
et qui était, comme on l'a vu, l'un des six ordonnés pour se
mettre un peu de l'avant de l'escadre de Ruyter, afin d'adresser chacun un brûlot, fit ce jour-là une action d'une hardiesse
étonnante, telle qu'il ne s'était encore rien vu de pareil dans
un combat, néanmoins sans ordre, et peut-être un peu contre l'ordre, mais pourtant d'une grande conséquence. Suivant
les ordres prescrits, son rang était de combattre dans l'escadre de Ruyter, et dans la division de Van-Nès, contre les vaisseaux de l'escadre rouge ; mais, au commencement du combat,
s'étant écarté sur la droite avec le brûlot de Dirk Munnik, il
porta le cap au nord, vers Montagu, amiral de l'escadre bleue,
et gouverna droit sur lui sans tirer un seul coup, quoique
quelques Anglais le canonnassent de toute leur force pour l'empêcher d'avancer. Montagu, de son côté, faisait des décharges
si terribles pour le détourner, qu'il semblait que c'était une
grêle de boulets et de chevilles de fer qui tombât, et que leur
chute fît bouillonner et élever la mer comme si elle eût été
remplie de baleines. Mais Braakel, nonobstant qu'on lui tuât
beaucoup de ses gens, ne tira pas un coup de canon qu'il
n'eut abordé et accroché *le Royal-Jacques,* que montait Montagu, et qui avait fait ses décharges. Alors le Hollandais lui
envoya à son tour toutes ses bordées, qui tuèrent une multitude de gens et en blessèrent encore davantage, les blessés jetant des cris horribles. A l'instant, il se livra un combat épou-
table entre les deux ennemis, dont les forces étaient bien inégales : Braakel paraissait auprès de Montagu comme une barque auprès d'un gros navire, car son vaisseau ne portait pas
plus de trois cents hommes et de soixante deux pièces de canon, et l'amiral anglais portait mille hommes et cent quatre
canons. Cependant le Hollandais demeura une heure et demie
à son côté, faisant un feu continuel, et le réduisant dans un
tel état qu'il se serait rendu, comme son lieutenant le rappor-

ta depuis, si le vaisseau de Braakel avait porté un pavillon.
Il reçut, à la vérité, des gens frais, qui lui furent envoyés dans
des chaloupes, et tâcha, en sautant à l'abordage, d'accabler
son ennemi par le nombre; mais quoique les Anglais fussent
déjà sur le premier pont, les Hollandais ne tinrent pas moins
ferme, et se défendirent d'en-bas sans plier. Toutefois, le
vaisseau fut percé de tant de coups, et ses agrès furent si incommodés, qu'il ne pouvait plus porter de voiles; outre cela,
Montagu coula à fond deux ou trois brûlots qui arrivaient encore sur lui. Cependant l'escadre du lieutenant-amiral Van-
Gent étant aussi entrée en action, il y eut d'autres vaisseaux
qui tombèrent sur Montagu, ce qui l'obligea de redoubler ses
efforts pour couper les amarres et se déborder de Braakel, à
quoi ayant enfin réussi, le capitaine hollandais dériva tout désemparé; mais quoique l'amiral anglais se fût dégagé de lui,
il n'était pourtant plus en état de se défendre. Il ne laissa pas
néanmoins de se maintenir, et de donner les dernières preuves d'une valeur infortunée jusqu'à midi, que le vice-amiral
Swers, ayant cru l'aborder, vit que Jean Danielz Vanden Ryn,
commandant le brûlot *la Paix*, arrivait aussi sur lui; et à cette
vue, changeant de dessein, il se retira après lui avoir envoyé
sa bordée et laissa agir le brûlot, qui, jetant les grappins à ce
superbe vaisseau, le réduisit aussitôt en cendres, spectacle
également digne de la compassion des siens et de ses ennemis..... Les matelots se jetèrent à la mer à centaines, tâchant
d'éviter le feu par l'eau. L'amiral Montagu voulut se sauver
avec son fils dans la chaloupe; mais la multitude des matelots
qui s'y jetèrent en même temps la firent enfoncer, de sorte
qu'il périt misérablement avec son fils, ou, comme d'autres
ont rapporté, avec ses deux fils..... Pour le commandant Vanden Ryn, de qui le brûlot avait mis le feu au vaisseau de Montagu, il reçut, dans la suite, avec son équipage six mille livres
de récompense. Le lieutenant-amiral, Van Gent, irrité contre
les Anglais qui avaient demandé qu'il fût puni pour n'avoir
pas voulu baisser pavillon devant le yacht *le Merlin*, porta
avec ardeur sur l'escadre bleue, et perça au travers avec tant

de courage, qu'il y jeta l'épouvante ; mais une demi-heure après le commencement du combat, il fut malheureusement atteint d'un boulet qui lui ôta la vie, et priva les Etats d'un de leurs meilleurs officiers. C'est ainsi que mourut le vaillant Guillaume-Joseph baron de Gent, lieutenant-amiral de Hollande sous le collège de l'amirauté d'Amsterdam, et colonel du premier régiment des troupes de l'Etat, issu d'une noble famille de Gueldres, et qui comptait parmi ses ancêtres le fameux Martin Van Rossem, ce foudre de guerre, et parmi ses oncles, Walraven et Oton, baron de Gent, célèbres par leurs belles actions dans la guerre contre l'Espagne, mais particulièrement ce dernier, connu sous le titre de seigneur de Dieden, sous lequel il se signala à la prise de Wesel, l'an 1629.

. . . .

» L'amiral Baukert avait de son côté mis le cap sur l'escadre blanche, composée principalement de Français, et le combat n'avait pas moins commencé rudement entre celles-ci ; mais le comte d'Estrées revira bientôt au sud, et, par ce moyen, il s'éloigna des Anglais. . . . .

» Cependant l'escadre rouge et celle de Ruyter continuaient à faire un feu épouvantable l'une sur l'autre ; mais enfin, faute de vent, on se trouva en état de ne pouvoir plus gouverner et de dériver les uns parmi les autres, si bien qu'à peine pouvait-on garder aucun ordre, et que les vaisseaux qui venaient s'aborder s'incommodaient d'autant plus qu'il était impossible de changer assez promptement de bord. Il se fit alors des deux côtés des exploits dignes d'une éternel mémoire. Un grand navire anglais monté de soixante-dix pièces de canon fut mis en feu par un brûlot, et deux autres furent coulés bas ;..... il y eut neuf ou dix brûlots hollandais détruits ou brûlés sans avoir pu faire aucun effet : les coups d'un seul navire anglais en brûlèrent cinq ou six. *Le Josué*, monté par le capitaine Jean Dick, fut coulé à fond. *Le Stavern*, monté par le capitaine Elzevier, qui se défendit vaillamment, fut néanmoins pris. Après la mort de Van Gent, son navire, et par conséquent la plus grande partie de son escadre, puisque chaque escadre observe et suit son pavillon, tint le vent sans faire presque aucun mouvement, et sans porter, comme auparavant, sur l'escadre bleue des Anglais. Ce fut à la plupart de ceux-ci une occasion de se joindre à l'escadre rouge, et d'aller fondre en si grand nombre sur Ruyter qu'ils espérèrent l'accabler; mais il ne tourna jamais la barre du gouvernail pour arriver devant l'ennemi, et le combat n'en devint que plus violent et plus opiniâtre. Ensuite Panhuis, capitaine des troupes, se rendit à son bord; et ayant secrètement informé le ruart de la mort de Van Gent, il eut ordre de garder le secret et de faire en sorte que, le même navire continuant à porter le pavillon amiral, on prît soin de le conduire avec tant de précaution, qu'on ne pût rien apercevoir du changement qui était survenu. Panhuis retourna donc à son bord avec cet ordre, et, à sa venue, il fit arriver de nouveau l'escadre de Gent sur les ennemis, et alors on vit redoubler la chaleur du combat. Au commencement, Ruyter avait gouverné au sud, mais ensuite les Anglais ayant viré au nord, Ruyter revira aussi, et, ayant couru près de deux heures le même bord qu'eux, il les serra si fort contre le rivage, qu'ils furent contraints de revirer au sud; ce qu'il fit aussi en même temps, courant si près de terre que, lorsqu'il fut un peu dégagé de la fumée qui l'environnait, il pouvait distinctement, de son bord, apercevoir les maisons et les hommes. Les Anglais, ayant porté le cap au sud, forcèrent de voiles pour gagner le vent de l'escadre de Ruyter, qui, voyant leur manœuvre, et s'apercevant de leur dessein, fit tous ses efforts pour conserver tout son avantage. . . . .

» Cependant on combattait sans relâche. Jean Herman, contre amiral de l'escadre rouge, officier brave et courageux, fut longtemps, avec quelques autres des siens, au côté ou proche de Ruyter, faisant un feu furieux, à quoi le général ne manqua pas de répondre de même. . . . .

» La nuit qui survint termina cet opiniâtre combat. Le lieutenant amiral Bankert, qui s'était attaché à l'escadre blanche et qui lui avait donné la chasse, se rendit dès le même soir avec la sienne sous le pavillon. Il avait été blessé à la jambe, et il fut contraint de garder le lit pendant quelques jours. C'est ainsi que cessa l'effusion du sang qui se fit en cette cruelle journée, de laquelle dépendait la destinée des Provinces-Unies. Le général Ruyter déclara qu'il *s'était trouvé en beaucoup de batailles, mais qu'il n'en avait jamais vu de si terrible, ni qui eût duré si longtemps.* . . . . . , ...

» Le général Ruyter, qui aurait bien voulu pousser plus loin l'avantage qu'il avait déjà eu, fit toute la nuit, avec son armée, le sud-sud-est par un vent d'est, afin de rejoindre au matin les ennemis.

. . . . , . . , ...

. . . . . « A la pointe du jour, Ruyter découvrit les Anglais, fort de près de cinquante voiles, droit au nord-ouest, à trois lieues de lui. Sur les huit ou neuf heures, ayant reviré au nord, il vit peu après toute l'armée royale au nord de la sienne, forte d'environ cent voiles. Vers les onze heures, il revira à l'est-sud-est par un vent frais d'est-nord-est, et navigua ainsi tout le jour à une lieue des ennemis, qui étant toujours au vent et éloignés des Hollandais, continuaient à courir le même bord qu'eux, sans vouloir arriver ou sans l'oser.»

Cette seconde journée prouve clairement que l'avantage de la première appartenait aux Hollandais. Le ruart et Ruyter jugèrent également à propos de diriger l'armée vers la Zélande, soit pour se radouber, soit pour prendre de la poudre et des boulets dont plusieurs vaisseaux manquaient presque entièrement.

» Sur les sept heures, on laissa tomber l'ancre, et chacun s'occupa à jumeller, à surlier et à roster ses mâts et ses vergnes, à épisser les cordages, et à préparer tout ce qui était nécessaire. Les ennemis étaient alors à quatre lieues nord-nord-ouest des Hollandais, sur lesquels ils pouvaient arriver arrière tandis qu'ils étaient à l'ancre; mais il parut bien eu ce moment que ce n'était pas ce qu'ils cherchaient. Après cela, l'armée des Etats vint ancrer au nord-nord-ouest de l'île de Walcheren, Westcapel lui demeurant à quatre lieues sud-sud-est.

L'année seize cent soixante douze se passa sans aucun fait nouveau. Mais, l'année suivante, les trois flottes se livrèrent deux nouveaux combats non moins terribles, près les bancs de Flandre, le premier le 7 juin, un an jour pour jour après le combat de Solybay (Soutwold-Bay), et le second le 21 août.

Le 3 juin, les flottes combinées, se trouvant par le travers des bancs d'Ostende, découvrirent la flotte hollandaise qui était à l'ancre à Deurloo. M. le prince Rupert, qui commandait en chef l'armée des alliés, réunit les officiers généraux en conseil, et l'attaque fut décidée pour le lendemain. Mais la violence des vents causa une tourmente qui dura jusqu'à la nuit du 6 au 7, de sorte que le signal ne put être fait que le 7 au matin.

Les forces françaises et anglaises furent divisées en trois escadres. L'escadre blanche au corps de bataille commandée par M. le comte d'Estrées; l'escadre rouge ou aile droite commandée par le prince Rupert, l'escadre bleue ou aile gauche commandée par le chevalier E. Spragge.

Du côté des Hollandais, M. de Ruyter était au corps de bataille, M. Tromp à l'avant-garde, et M. Bankert à l'arrière-garde.

Ruyter fit lever l'ancre et fit le signal de porter droit sur l'ennemi. L'action s'engagea à l'avant-garde; mais le danger où se trouvait M. Tromp par l'impétuosité de l'attaque du prince Rupert força Ruyter à venir à son secours. M. le comte d'Estrées, voyant le mouvement, marcha droit à Ruyter. Au même instant, l'arrière-garde hollandaise, vigoureusement poussée par huit ou neuf navires français, eut un moment de désordre qui pensa lui devenir fatal. Mais Ruyter, à qui rien n'échappait, revira pour en rallier les navires et la secourir, et, par contre coup, pour couper et percer la ligne de l'armée alliée entre le contre amiral et le vice amiral de l'escadre blanche. Vingt-cinq vaisseaux environ imitèrent sa manœuvre, et, comme on comprit ses intentions, on l'attendit en le tenant sous le vent, en sorte qu'il fut obligé de plier pour ne pas se laisser gagner au vent. Il y eut un moment où Ruyter, qui avait été obligé d'arriver, se trouva mêlé avec tous les vaisseaux français qui étaient sous le vent, et une partie de l'escadre bleue, séparée de la sorte de son avant-garde, et entièrement de Tromp, qui conservait le vent sur une partie de la division du vice amiral. L'approche des bancs de sable qui se trouvent dans ces parages furent en grande partie cause de l'espèce de pêle et mêle qui régna dans cette bataille où il se fit des prodiges de valeur et qui dura depuis six heures du matin jusqu'à la nuit.

Un coup de vent excessivement violent ayant séparé les deux flottes, Ruyter se réfugia dans le Texel. Les flottes combinées qui avaient été informées de ce mouillage par leurs vaisseaux de garde en prirent immédiatement la route, et le 21, dès la pointe du jour, le deux flottes se trouvèrent de nouveau en présence. Ruyter avait reçu l'ordre de protéger la flotte marchande qui revenait des Indes. Il devenait donc nécessaire pour lui de frapper un grand coup. D'un autre côté, une flûte de cette flotte venait d'être amarinée par un navire français, ce qui fit présumer qu'elle ne pouvait tarder à se montrer. Cette circonstance ne contribua pas peu à augmenter l'énergie des combattants : on se battit de part et d'autre avec le même acharnement depuis neuf heures du matin jusqu'à la nuit. L'abordage fut plusieurs fois tenté par les vaisseaux de l'escadre blanche, tant on se battait de près ; mais Ruyter, qui avait l'œil à tout, sut, comme toujours, se multiplier de telle sorte qu'il se trouvait constamment au plus fort de la mêlée; c'est ainsi qu'il sauva Tromp à deux reprises au moment où le comte d'Estrées allait se lancer à l'abordage.

Enfin si l'avantage de la journée demeura indécis, Ruyter n'en eut pas moins la gloire de conduire à bon port la flotte marchande qui était richement chargée, résultat qui avait bien son importance.

Pour l'intelligence des événements qui vont suivre, et dans lesquels Ruyter fut appelé à jouer un grand rôle, on doit consacrer quelques lignes aux causes qui les amenèrent.

A dater de 1412, la Sicile était passée tout à fait sous la do-

mination des rois d'Espagne et d'Aragon. Par suite de mécon-
tentements et de vexations de toute nature de la part du vice-
roi, contre lesquels on réclama vainement auprès de la
cour de Madrid, les Messinois supplièrent Louis XIV de les
prendre sous sa protection. Pressentant tous les avantages
qu'il pourrait trouver dans le soulèvement de Messine, il leur
envoya le premier secours sous le commandement du chevalier
de Valbelle. Dès ce moment, l'Espagne vit sa domination fortement compromise, elle fut même sur le point de la perdre.

Les Sept-Provinces en profitèrent pour proposer à Sa Majesté
catholique de s'unir avec la République et de déclarer la guerre
à la France, et le traité d'alliance fut conclu à Madrid, le
30 août 1673.

En conséquence de ce traité, le roi d'Espagne réclama l'intervention des forces navales de la République lors du soulèvement de Messine, et Michel Ruyter en reçut le commandement.

Avant de partir, au moment où il embrassa sa femme et ses
filles, Ruyter, qui avait toujours fait preuve d'un sang-froid et
d'un courage extraordinaires, ne put se défendre de sinistres
pressentiments, et, tirant à part M. Bernard Somers, son gen-
dre, il lui dit :

— *Mon cher fils, je vous dis adieu, et non pas simplement
adieu, mais adieu pour jamais, puisque je ne crois pas revenir.
Cette expédition ne s'achèvera pas que je n'y demeure, je le sens
bien (Hist.).*

Le 16 août 1675, profitant des vents favorables pour sortir
de Kellevœstrine, il leva l'ancre, prit le large, et arriva le
20 décembre à Mélazzo, où il attendit le contre-amiral de Haan
qui était à Palerme avec neuf vaisseaux et qui n'arriva que
le 31.

Ruyter ayant avis de l'arrivée de la flotte française qui était
commandée par Duquesne, fit à sa flotte le signal de partance,
le 1er janvier 1676, sans attendre les vaisseaux espagnols qui
étaient dépourvus de leurs agrès, et alla croiser entre le Phare

et les îles Stromboli, afin de fermer ce passage à Duquesne, et empêcher sa jonction avec la flotte qui était au mouillage devant Messine.

La flotte française arriva près de Stromboli, le 5, sans avoir été signalée par les Hollandais, de sorte que les deux flottes restèrent pour ainsi dire en présence depuis le 5 jusqu'au 8 janvier.

Ce jour-là Duquesne, profitant du vent, arriva sur Ruyter, et l'action s'engagea entre les deux vieux amiraux avec une extrême vigueur.

Voici la lettre que Ruyter écrivit aux États-Généraux à propos le ce combat.

. . . .

« Sur les trois heures après midi, suivant l'instruction générale et particulière que j'avais donnée, je fis le signal, afin que tous les hauts officiers, capitaines et commandants, avec leurs adjoints, vinssent à bord, ce qui s'exécuta incontinent; mais comme il commençait à faire brun, je jugeai que l'attaque de-,ait se différer jusqu'au lendemain.

» Cependant j'exhortai chacun des officiers de se tenir prêts pour le combat du lendemain, 8, leur recommandant surtout qu'ils fissent bien leur devoir, à quoi ils étaient obligés par leur serment, par l'honneur de la patrie, et par l'espérance d'obtenir par là une paix sûre et honorable; ce qu'ils me promirent tous l'un après l'autre en me donnant la main.

» Dans le même temps, j'envoyai un bâtiment, qui est une espèce de demi-galère, avec un demi-banc, pour se porter entre la flotte française et la nôtre, et pour observer si nous tenions un même cours, lui donnant pour signal qu'il tirât un coup de canon à chaque tour d'horloge, et que, si les Français changeaient, il revînt, tirant à la fois toute son artillerie. A l'entrée de la nuit, il s'éleva un vent d'ouest-sud-ouest si fort, que notre demi-galère fut obligée de quitter son poste, ainsi que les neuf galères, qui se virent contraintes de se retirer à couvert sous l'île de Lipari, et, comme nous aperçûmes que les Français faisaient signal de se retirer, j'en fis un pareil. Néanmoins, à la pointe du jour du 8, nous les vîmes encore qui nous cotoyaient, et, le vent nous étant contraires de six lignes, ils l'eurent sur nous. Ainsi, au lieu que nous les cherchions, et que nous croyions qu'ils éviteraient le combat, ils donnèrent sur nous vers les neuf heures du matin ; mais en si bon ordre et si bien rangés, qu'ils nous parurent autant de braves qu'ils étaient d'officiers. Nous n'étions pas moins en bon état, et nous les attendîmes ; de sorte qu'une heure après les premiers vaisseaux des deux flottes commencèrent à se canonner. Après trois heures de combat, aussi opiniâtre qu'aucun où je me sois trouvé de ma vie, il vint un brûlot ennemi à mon bord à la faveur de la fumée et du canon de son vaisseau amiral ; nous l'aperçûmes par bonheur ; nous lui abattîmes son humier, et, ne pouvant plus se retirer, celui qui le commandait le brûla lui-même ; une demi-heure après, il en vint un autre, qui fut pareillement démâté et brûlé. Ce rude combat, qui avait commencé par le contre-amiral Verschoor, commandant l'avant-garde, puis avec nous, et enfin avec le vice-amiral de Haam, conduisant l'arrière-garde, et qui ne put combattre que vers le soir, a duré plus de dix heures, toujours d'une pareille vigueur. Vers le soleil couchant, on rapporta avoir vu couler à fond un navire de guerre ennemi ; d'autres disent en avoir vu encore un autre ; mais ce n'est aucun des nôtres qui fasse ce rapport : ainsi, nous y ajoutons peu de foi. Sur la fin de la bataille, les neuf galères d'Espagne revinrent nous joindre, et nous rendirent de grands services, ayant passé toute la nuit avec nous.

» Tous les officiers de la flotte de vos Hautes-Puissances ont combattu vaillamment depuis le commencement jusqu'à la fin de l'action, à l'imitation des Français, qui ont fait des merveilles. Tous les navires, et particulièrement les miens ont beaucoup souffert, tant à la manœuvre que dans les flancs. Nous avons été occupés toute la nuit à raccommoder nos vergues avec des traverses, à boucher nos trous, à mettre de nouvelles voiles, à reclouer et à cheviller nos éclats : ainsi nous croyons pouvoir être en état de faire tête une seconde fois à nos enne-

3.

mis, qui autant que nous le pouvons voir de nos hunes, sont à côté de nous pour nous attaquer de nouveau ; toutefois, le temps fut si calme qu'il ne fut pas possible de les pouvoir joindre. . . . .

. . . .

Le contre-amiral Verschoor a été trouvé parmi les morts avec plusieurs autres qui ont fini leurs jours dans le lieu d'honneur.

» Michel-Adrianz Ruyter.

» A bord du navire *la Concorde.*, sous voile à l'ouest de l'île d'Alicur, le 9 janvier 1676. »

» Ruyter ayant continué sa croisière pendant quelques jours sur les côtes de Sicile, revint se ravitailler à Naples, d'où il fit voile pour Palerme. Sa flotte étant augmentée de quatre vaisseaux et d'un brûlot espagnols, il partit de ce port, et jeta l'ancre à Melazzo le 20 mars. Il se dirigea de là sur Agosta qu'il espérait surprendre; mais quand il sut qu'elle était commandée par M. de Mornas, et parfaitement sur ses gardes, il renonça à ce projet, d'autant plus qu'il reçut avis du marquis de Bayonne, que Duquesne était parti le 20 avril de Messine et qu'il avait passé en vue de Catania. Aussitôt Ruyter fit faire branle-bas de combat, car il s'attendait à être attaqué dès la première heure. Cependant la flotte française ne parut que le 22, ce qui donna le temps à la flotte hollandaise de sortir de la baie d'Agosta et de gagner le large

Un calme profond retint d'abord les deux armées en vue et sans mouvement, mais le vent commençant à souffler du sud sud-est, Ruyter laissa arriver sur les vaisseaux du roi, et le combat s'engagea à une demi-portée de canon, sur les quatre heures.

Comme une fatalité, les instructions des Etats lui enjoignaient d'obéir à l'amiral général du roi catholique, et lorsque don Francisco de la Cerda lui eut exprimé son intention d'occuper avec son escadre le corps de bataille, il eut le pressentiment de l'issue de cette fatale journée.

» Ruyter, voulant profiter du vent pour arriver vigoureusement sur la tête de l'armée française, dans l'espoir de la faire plier, la percer et la séparer du corps de bataille, prit le commandement de l'avant-garde qui devait être aussi le poste le plus périlleux. Le combat s'engagea donc par les avant-gardes; le choc fut des plus terribles; mais dès les premiers coups de canons des deux marins qui les commandaient, l'un fut emporté par un boulet : le brave d'Almeras, lieutenant-général, montant *le Lys*; l'autre blessé à mort, le brave et vieux Ruyter. Pour bien juger de l'effet de son artillerie, il s'était placé sur la dunette de son vaisseau *la Concorde*. Il venait de donner l'ordre à son capitaine de pavillon de brasser les voiles sur les mâts, *lorsqu'un boulet lui enleva la plus grande partie du devant du pied gauche et lui cassa les deux os de la jambe droite, à la largueur d'une main, au-dessus de la cheville, les laissant tout brisés et fracassés; la violence du coup le fit tomber de dessus la tengue* (dunette), *c'est-à-dire de la hauteur de sept pieds, sans toutefois se blesser qu'à la tête et peu dangereusement.* Ce furent les premières et dernières blessures de conséquence qu'il eût reçues en toute sa vie.

» La vue du sang qui coulait des plaies du général, de leur bon père, comme ils l'appelaient, ne servit qu'à animer les matelots et à faire redoubler leurs efforts contre les ennemis. Girard Kellenburg, son premier capitaine, ne cessa point d'exciter chacun à son devoir et donna si à propos ses ordres sur tout le vaisseau pour faire agir le reste des officiers avec les matelots et les soldats, que les amis et les ennemis ne purent s'apercevoir qu'il fût rien survenu à l'amiral ou qu'il ne fût pas présent.

» On a aussi rapporté qu'en effet Ruyter donna ses conseils en quelques occasions, et que, tout blessé qu'il était, il inspirait encore du courage à ses gens, leur criant chaque fois qu'il entendait les décharges de l'artillerie : « *Courage, mes enfants, courage! c'est ainsi qu'il faut faire pour remporter la victoire.* » (Vie de Ruyter).

» La nuit mit fin à cette scène de carnage, et la flotte hcllandaise se retira aans la rade de Syracuse. Duquesne y arriva le 29 avril avec sa flotte triomphante.

» *Ce jour là même, à cette heure-là même, le vieux Ruyter mourait de ses blessures.*

» La flotte hollandaise avait déjà fait disparaître les traces du combat du 22. Tout au fond du port, un grand navire contait seul par le désordre de sa mâture et le morne silence qui régnait a son bord. Ce vaisseau était absolument dans l'état où il se trouvait à la suite du combat. On avait suspendu tout travail à son bord de peur que le bruit ne troublât l'agonie du vieil amiral, car ce vaisseau était le sien, *la Concorde.*

On eut cependant un instant quelque espoir de le sauver, mais la gravité de ses blessures provoqua une fièvre si ardente que ses forces s'affaiblirent rapidement, et le 29, dit un vieil ami de Ruyter et son vieux compagnon, le pasteur Westorius, témoin de cette mort sereine et glorieuse, disait :

« Ce grand homme, qui, en tout temps et principalement en
» allant au combat, avait coutume de se préparer à sortir de ce
» monde s'il y était appelé, fit voir qu'il soutenait ce dernier com-
» bat avec constance, et qu'il envisageait la mort avec des yeux
» assurés ; plus sa fin approchait, plus il témoignait le désir
» d'être délivré ; il avait continuellement les mains jointes,
» priant Dieu de lui accorder une heureuse issue, et se ser-
» vant entre autres pour exprimer sa pensée du psaume 63 :
» *O Dieu ! tu es mon Dieu ! je te cherche dès le matin, mon*
» *âme a soif de toi, ma chair te souhaite dans une terre aride,*
» *altérée et sans eau.*

» Enfin, ce jour-là, sur le midi, commençant à avoir de la
» difficulté de proférer ses paroles, il désira que son pasteur
» Westorius fît la prière pour demander à Dieu une heureuse
» délivrance, et sur le soir, la parole ayant tout à fait manqué
» à l'amiral, lorsqu'on redoublait les mêmes prières, on
» voyait qu'il priait par ses soupirs ; ensuite il fut quelques
» heures sans parler et dans les dernières agonies de la mort
» jusqu'entre neuf et dix heures du soir qu'il rendit l'esprit
» doucement et tranquillement, en présence du pasteur Wes-

» torius, du contre-amiral Midellant, du capitaine Kallenburg
» et du comte de Styrun, qui, fondant en larmes, virent expirer
» leur vieux chef, qui mourut ainsi, le 29 avril 1676, dans
» la baie de Syracuse, sur son bord, âgé de soixante-neuf
» ans, un mois et cinq jours. . . . .
» . . . .

» Le corps de Ruyter fut embaumé pour être enterré à Rot-
» terdam ; mais ses officiers ayant témoigné aux ecclésiasti-
» ques de Syracuse le désir que son cœur fût inhumé dans
» leur église, ceux-ci refusèrent, disant qu'un membre de la
» religion réformée ne pouvait être placée en terre sainte.....
» Alors, le lendemain, le premier jour de mai, au soleil cou-
» chant, sans autre pompe que le deuil de toute l'armée qui
» pleurait le *bon père*, le cœur de Michel Ruyter fut porté à
» cent pas de Syracuse, et enseveli sur une petite colline de
» gazon gisant dans la baie et environnée de la mer. . . .
» . . . .

C'est ainsi que se réalisa cette terrible prédiction de Ruyter,
JE NE REVIENDRAI PAS DE CETTE CAMPAGNE !

Son corps fut transporté à Amsterdam, où les Etats-Géné-
raux ordonnèrent l'érection d'un monument consacré à éter-
niser sa mémoire.

ABRAHAM DUQUESNE

— 1610 —

Duquesne naquit dans les environs de Dieppe en 1610. Cette
ville était déjà célèbre dans nos annales maritimes; elle avait
produit nos plus hardis navigateurs; Jean de Béthancourt,
conquérant et roi des Canaries ; les Parmentier, explorateurs
des côtes de Guinée et du Brésil; Jean Ribaud, qui découvrit
la Floride, et qui fut un des amiraux de Charles IX, et tant
d'autres, parmi lesquels se distingua le père de Duquesne lui
même. Le jeune Abraham, qui était destiné à les surpasser
tous, s'exerça dès son jeune âge, et sa studieuse adolescence
ne négligea aucune partie de l'art de la navigation. Il étudia
la construction sous Charles Morin, qui est regardé comme le
créateur de son art, et, à l'âge de dix-sept ans, il fit sa première
campagne à l'attaque des îles Saint-Honorat et Sainte-Margue-
rite, que les Espagnols avaient conquises et fortifiées.

De même qu'Adrianz Ruyter, Duquesne était homme du
peuple et professait la religion reformée, ce qui fut un grand
et même l'unique obstacle à son avancement et à la récompense de ses services. Tous deux ils débutèrent dans leur rude
carrière comme matelots. Parfaitement initiés dans l'art de la
navigation, ils pouvaient commander en amiraux et se battre
en capitaines ; moins heureux que Ruyter, Duquesne se trouva

presque jusqu'à la fin de ses jours, en sous ordre, comme capitaine ou simple chef d'escadre et ne put, par conséquent, se livrer que très-tard à toutes ses inspirations stratégiques.

Son premier commandement fut celui d'un brûlot, poste excessivement périlleux, et concourut à la défaite et à l'incendie de la flotte espagnol dans le golfe de Cattaro. Duquesne eut l'honneur d'aborder le premier cette flotte ennemie, et M. de Sourdis, archevêque de Bordeaux et amiral, le fit récompenser par le grade de capitaine de vaisseau. Blessé, en 1639, à la prise de Lorédo, en Biscaye, il n'en suivit pas moins la flotte dans la Méditerranée et brûla un vaisseau espagnol qu'on radoubait dans le golfe de Naples sous la protection de deux batteries. Il aida à en relever cinq autres dans le port de Roses en Catalogne, et, après avoir exécuté diverses commissions sur la côte d'Espagne, il coopéra à la destruction de quarante galères dans les parages de Tarragone.

La mort de Richelieu et les guerres de la fronde furent des évènements malheureux pour la marine française. Fatigué de son inaction, Duquesne fut autorisé par M. le Cardinal Mazarin, sous la régence de la reine Anne d'Autriche, à s'en aller servir le roi de Suède, qui lui confia aussitôt le commandement de ses forces navales. Il dirigea les manœuvres de la flotte avec tant d'habileté et il attaqua celle du Danemarck avec tant de vigueur qu'il la détruisit presque entièrement.

Le nom de Duquesne avait déjà un si glorieux retentissement en Europe que Christian IV, roi de Danemarck, apprenant qu'il commandait la flotte suédoise, se rendit à bord de l'amiral danois pour être témoin du combat qui fut sanglant, et si le roi, blessé la veille, ne s'était fait transporter à Gothembourg, il eût été fait prisonnier sur le vaisseau pavillon que Duquesne amarina après deux heures du feu le plus vif. Le grade de vice-amiral de Suède fut le prix de cet exploit.

Malgré les persécutions qu'il prévoyait devoir être exercées en France contre les calvinistes dont il professait les doctrines, Duquesne ne put résister à la voix de sa patrie ; le commandement d'une escadre destinée à l'expédition de Naples fut la récompense de ce dévouement. C'était la première fois qu'un tel honneur était cédé par les grands seigneurs du royaume à un homme d'une origine plébéienne.

L'expulsion du duc de Guise, que les Napolitains avaient en peu de temps couronné et trahi rendit l'expédition inutile. Duquesne ne pouvait s'accoutumer à l'inactivité que le malheur des temps imposait à son génie aventureux. Une occasion se présenta où il put de nouveau faire connaître son intrépidité et ses talents de grand marin : ce fut en 1650. Les Espagnols ravitaillaient par mer les Bordelais qui soutenaient la rebellion des partisans du prince de Condé contre le roi de France. Mazarin n'avait point de marine pour opposer aux Espagnols. L'influence de Duquesne sur les corsaires du ponant parvint en peu de jours à équiper à ses frais une escadre dont il prit le commandement, et alla fermer aux Espagnols l'entrée de la Gironde. Il rencontra sur sa route une flotte anglaise dont le commandant le somma de baisser pavillon.

— Le pavillon français, répondit cet intrépide marin, ne sera jamais deshonoré tant qu'il sera sous ma garde; le canon en décidera.

Un combat meurtrier commença aussitôt, et les Anglais furent forcés de lui livrer le passage. Il trompa la flotte espagnole, ferma l'entrée du fleuve, et contribua par ses savantes manœuvres à la capitulation de la ville rebelle. La régente Anne d'Autriche, n'ayant ni flotte ni argent pour payer un pareil service, donna à Duquesne l'île et le château d'Indret, auprès de Nantes. Le traité d'Aix-La-Chapelle ayant rendu un instant la paix à l'Europe, il visita tous les ports, pour augmenter ses connaissances théoriques.

Mais bientôt la guerre avec la Hollande fournit à notre héros l'occasion de se signaler par de nouveaux exploits. Les Banker, les Gallen, les Tromp et les Ruyter étaient les rivaux redoutables qu'il allait avoir à combattre. Sa gloire s'accrut avec les dangers, et alors commencèrent aussi ses déboires.

M. le comte d'Estrées, qui n'avait jamais servi dans la marine venait d'être nommé vice-amiral des armées navales.

Abraham Duquesne, d'un courage éprouvé, d'une grande expérience théorique et pratique, acquise par cinquante années de navigation ; d'un esprit fier, droit et rigoureusement juste, avait parfaitement la conscience de ce qu'il valait et des injustices qu'on lui faisait ; aussi se disait-il outrageusement traité en se voyant sacrifié à M. le comte d'Estrées. Aussi existait il une antipathie réciproque très-prononcée entre eux. Mais, malgré ses ennemis, sa religion et ses emportements, Colbert sentait tout le besoin qu'il avait de lui et ne manquait pas de le consulter sur toute matière importante, et Louis XIV le nomma enfin officier général.

Quant à l'éloignement de Duquesne pour M. d'Estrées, il était pleinement justifié par les dénonciations peu généreuses et surtout peu fondées que ce dernier avait faites contre lui, car il est bien permis de douter de la *peur* et de *l'ignorance incroyable* que d'Estrées reproche à Duquesne, ce vieux et intrépide praticien, dans son rapport du 24 octobre 1670, lorsque le roi l'envoya montrer le pavillon français aux îles du Cap-Vert.

Comme on l'a vu, la guerre venait d'être déclarée par la France et l'Angleterre à la Hollande. Louis XIV convoqua MM. Duquesne, d'Estrées, des Rabesnières, de Martel et Gabaret, les premiers capitaines de l'époque, pour leur faire part de ses projets et recevoir leur avis. Duquesne, fort de son savoir, rompit ouvertement en visière aux ministres, aux intendants, au roi lui-même, en déconseillant la guerre contre la Hollande ; il ne ménagea même pas son juron habituel : *cent diables !* au milieu de son discours.

— « Il représenta combien les ports de Brest et de Rochefort étaient exposés, le mal et les désordres que les brûlots pouvaient causer dans une escadre comme celle de France, qui depuis longtemps n'avait pas vu de combats généraux, et enfin fit une peinture fort vive de tous les accidents qui pouvaient arriver, sans dire les moyens de s'en garantir, si ce n'est qu'il proposa de faire armer à Dunkerque quelques barques longues pour défendre les pavillons contre les brûlots

— » Après le conseil, Duquesne donna de grands mémoires, dans lesquels il s'attacha surtout à persuader Colbert du peu de considération que d'Estrées avait pour lui, à dessein de rendre inutiles, ou du moins suspectes, les relations de son commandant dans le cours de campagne.

— » Il demanda aussi, dans la même vue, le commandement de huit ou dix vaisseaux dont il ferait le détail, sans autre dépendance du comte d'Estrées, que dans les actions de guerre seulement. Mais cette tentative ne lui réussit pas, et il partit pour Brest pousser l'armement des vaisseaux.

Le 1er mai, la flotte se trouva réunie dans la baie de Bertheaume. Duquesne fut placé à l'avant-garde, forte de dix vaisseaux ; M. des Rabesnières avait le commandement des huit vaisseaux d'avant-garde, et M. le comte d'Estrées commandait le corps de bataille composé de douze vaisseaux.

Le pavillon amiral flottait sur le Saint-Philippe, de soixante-dix-huit ; Duquesne montait le Terrible, de soixante-dix, et M. des Rabesnières le Superbe, de soixante-dix canons. L'escadre se composait de trente vaisseaux, de huit brûlots et quelques bâtiments de charge.

L'escadre anglaise, commandée par le duc d'York, se composait de quarante-cinq vaisseaux. Les flottes de la Ligue se trouvèrent réunies le 15 du mois de mai sur la rade de Portsmouth. Elles levèrent l'ancre deux jours après pour se rendre dans la rade de Southwold-Bay, qui devait voir se dérouler le drame du 7 juin.

En effet, le 7, dès la pointe du jour, la frégate l'Éole, qui croisait depuis la veille à la hauteur de la côte orientale du comté de Suffolk, découvrit la flotte hollandaise qui s'avançait sous toutes voiles et en ordre de bataille. Elle était composée de quatre-vingt-six vaisseaux de guerre et trente brûlots, sous les ordres de l'amiral Ruyter, qui espérait surprendre les flottes combinées. Heureusement que M. de Cogolin l'avait aperçue à temps. Bien que l'Éole fût de première vitesse et que le vent lui fût favorable, M. de Cogolin était dans une affreuse anxiété, car la brise qui favorisait sa marche, favorisait aussi la flotte

hollandaise. Ce capitaine savait que la plupart des équipages
étaient à terre occupés à faire de l'eau, et se représentait la
surprise écrasante que devait causer la nouvelle qu'il appor-
tait aux amiraux, qui ne s'attendaient nullement à être attaqués.

L'*Éole* entra dans Southwold-Bay au bruit de toute son artillerie, tandis que tout son équipage faisait retentir l'air des
cris :

— L'ennemi !..... l'ennemi !

Quelques heures après, la bataille s'engageait sur toute la
ligne.

Duquesne fut encore, dans cette circonstance, en butte à
l'antipathie de M. le comte d'Estrées, qui l'accusa de n'avoir
pas fait son devoir, tandis qu'il avait supporté tout le feu de
l'escadre de Zélande, celle que les Anglais redoutait le plus.

Peu de temps après, Louis XIV envoya des secours aux
Messinois qui étaient assiégés par les Espagnols. Duquesne
accompagna le duc de Véronne dans les murs de Sicile, où il
devait rencontrer Ruyter commandant la flotte hollando-espa-
gnole. L'escadre française, composée de huit vaisseaux de
guerre, arriva en vue de Mélazzo le 9 février. Dès que le marquis del Viso, commandant des armées de terre et de mer du
roi d'Espagne, fut informé de l'approche de l'escadre française,
il appareilla et leva l'ancre le 11 au matin : son escadre était
forte de vingt vaisseaux et de dix-neuf galères.

L'escadre française s'avança en colonne, tenant le vent au
plus près. En tête de la ligne, on voyait *le Saint-Esprit*, commandé par Duquesne, marchant hardiment sur la tête de
colonne des ennemis. A ce moment, M. Desnoyelles, lieutenant
du *Saint-Esprit*, s'approcha de Duquesne pour lui dire que les
canonniers étaient à leurs pièces, prêts à faire feu, que M. de
Vaudricourt, capitaine de vaisseau, attendait ses ordres.

Duquesne, sa longue-vue braquée sur l'escadre espagnole
pour observer sa manœuvre et son gréement, ne répondit
point, et, après quelques minutes d'attente, le lieutenant ré-
péta sa demande sur un ton un peu plus élevé pour attirer son

attention. Duquesne, se retournant en faisant un mouvement d'impatience, lui répondit d'un air irrité :

— Les canonniers sont à leurs pièces ? eh bien, qu'ils y restent !..... ou plutôt qu'ils les chargent à poudre.....

— A poudre, mon commandant ? — dit le lieutenant surpris.

— Eh ! cent diables, oui! à poudre, à cendres, à sable, à rien !.....

» Car à quoi bon perdre de la poudre et des boulets à tirer sur des gens qui vont fuir sans nous donner le temps de les combattre.

— Sans combattre ?...

— Eh! oui. Tenez.... prenez ma lunette... et regardez... vous verrez qu'ils n'ont presque personne dans leurs batteries ; leurs pièces ne sont pas seulement sur leurs bragues ; à aucun bord le branle-bas de combat n'est fait; et les galères ? voyez s'il y a un seul bastion d'élevé de proue à poupe, et puis n'ont-elles pas leurs antennes? Est-ce ainsi qu'on se prépare à un combat.

Le lieutenant s'étant assuré de la justesse des observations de Duquesne, lui dit en lui remettant sa lunette.

— Dans ce cas, monsieur, quelle manœuvre supposez-vous qu'ils vont faire.

— Eh ! cent diables ! la manœuvre du lièvre devant la meute....

— C'est pourtant l'amiral Melchior de la Cueva qui les commande; et on le dit brave.

— Je le sais ; mais l'homme est sujet à des passions qui lui font commettre bien des vilainies pour les satisfaire.... et celle du jeu est plus forte que la bravoure.....

— Mais si c'était par ordre de son gouvernement qu'il en agit ainsi?

— Il n'est pas un gouvernement qui puisse forcer un homme à se couvrir de honte et à commettre une lâcheté sans qu'il ait le droit de protester comme l'a fait il y a deux ans le brave Martel contre M. d'Estrées, comme je l'ai fait moi-même…. Ah! Cent diables! si jamais le roi me donnait de pareils ordres!

— Que feriez-vous?

— Ce que je ferais? mort dieu.

— Vous promettriez?

— Oui…. je promettrais certainement d'exécuter ces instructions infamantes; je les enfoncerais dans ma poche et, cent diables! je placerais mon escadre au poste le plus périlleux, je combattrais à feu et à sang; et après la bataille, si j'en revenais, j'irais dire sans sourciller au roi :

« *Sire, avant l'affaire j'ai perdu vos instructions. Mais comme elles ne pouvaient contenir autre chose que l'ordre de combattre vigoureusement vos ennemis et de soutenir loyalement vos alliés, j'ai fait de la sorte.* » *(historique)*.

Cependant Duquesne fit envoyer quelques boulets auxquels l'escadre espagnole répondit par une bordée qui n'eut aucun effet. L'amiral espagnol mit un instant en panne, mais bientôt prit chasse grand largue vers le nord-est. Mais Duquesne n'était pas d'un caractère à lâcher sa proie à si bon marché, et, après quatre heures de chasse, il s'empara de *la Madona del Popolo*, vaisseau de quarante quatre pièces de canon.

L'escadre française s'empara de plusieurs villes, mais l'incurie, ou plutôt la paresse de M. de Vivonne, qui était vice-roi de Sicile, paralisèrent les efforts de MM. Gabaret, d'Almeras et Vallavoire, capitaines de grand mérite et qui sont morts presque oubliés après avoir rendu de longs et d'éclatants services, tandis que M. de Vivonne fut élevé à la dignité de maréchal de France, faveur qu'il dut, il est vrai, à la haute influence de sa sœur, la belle madame de Montespan. Quant à Duquesne, la religion qu'il professait fut encore un obstacle à son avancement.

Le roi d'Espagne, en vertu du traité d'alliance du mois

d'août 1673, réclama l'intervention des forces navales de la république des Septs-Provinces dans la Méditerranée; Michel Ruyter en reçut le commandement.

Duquesne revint en France pour demander des renforts à Louis XIV et chercher des vivres. Vivonne commit l'imprudence de l'envoyer avec vingt vaisseaux n'en gardant que huit devant Messine, ce qui l'exposait à être attaqué par des forces très-supérieures ; de plus, la jonction des vingt vaisseaux qui étaient venus en France pouvait être très-périlleuse, puisqu'à leur retour ils pouvaient être attaqués par la flotte hollandaise dont on avait signalée l'arrivée dans la Méditerranée. Cette nouvelle fit une vive impression à la cour, et Colbert jugea à propos de consulter Duquesne, Valbelle, Gabaret et Preuilly d'Humières, les quatre marins les plus praticiens de cette époque, sur la question d'assurer la jonction de la flotte qui devait retourner à Messine.

La lettre ci-après de Duquesne, annotée de la main de Colbert, et résumant les propositions des autres officiers généraux, prouve que son avis d'opérer la jonction par le passage du nord prévalut.

Lettre de Duquesne à Colbert.

» 19 novembre 1674.

» Monseigneur,

» Je reçois la dépêche que vous m'avez fait l'honneur de m'adresser, du 8 de ce mois, où je vois que Sa Majesté approuve assez nos avis sur la jonction par le nord du passage du Phare, pour, en cas que nous trouvassions les ennemis et le vent contraire pour entrer, il serve en ce cas à nos dix vaisseaux pour nous joindre ; et comme depuis les premiers jours de ce mois, nous recevons avis de Livourne et de Gênes de l'arrivée de Ruyter à Cadix, et par un vaisseau anglais qui a navigué avec lui de Cadix en Alican, que ce Hollandais allait aux Alfages et à Barcelone, côtes de la Catalogne, qui sont les endroits où la tartane que j'ai envoyée pour apprendre de leurs nouvelles doit passer, laquelle apparemment les trouvera à la dite côte. Ainsi l'on attend dans peu de jours des avis certains, ladite tartane n'ayant pas passé outre jusqu'en Alger.

» Comme il vous plaira le remarquer par la copie de l'instruction que j'ai baillée à celui qui la commande, que je vous envoie ci-jointe, et en cas qu'elle ne retourne pas avant notre partance, je laisserai ordre à Toulon pour que ladite tartane nous suive par la route que nous résoudrons de faire lors de notre partance, suivant ce que nous apprendrons de plus certain du lieu où seront les ennemis, toujours dans le dessein de les combattre, s'il se peut, avant leur jonction, ou de joindre nos dix vaisseaux à Messine : l'un des deux pourra bien arriver si les Hollandais attendent en Catalogne les quatre vaisseaux des leurs qui ont entré à Cadix avec un grand vaisseau espagnol qu'ils étaient allés prendre en Biscaye, ou même si don Juan d'Autriche s'embarque, ce qui n'est pas une affaire si facile par la grande suite qu'il mène avec lui.

En marge, de la main de Colbert.

» Cecy est très important. Il faut en parler au roy ce soir et expédier promptement. »

» Mais, Monseigneur, en cas que nous joignions nos dix vaisseaux avant que ceux des ennemis le soient, il est très-nécessaire que Sa Majesté ordonne précisément à M. le duc de Vivonne de prendre résolution sur-le-champ de faire ressortir l'armée pour aller chercher Ruyter en quelque lieu que l'on apprendra qu'il soit, ou au moins de s'opposer à sa jonction avec les Napolttains.

» Il sera aussi besoin, Monseigneur, que j'aie un ordre du roi, pour, en cas que notre jonction se fasse avec lesdits vaisseaux hors de la vue de M. le duc de Vivonne, de pouvoir prendre le parti le plus expédient pour prendre avantage sur les ennemis. Je vous demande ceci par prévoyance, afin que nous ne perdions pas de temps à Messine inutilement, ni ailleurs, dans le temps où les moments sont précieux.

Ici de la main de Colbert.
« Il a raison : rendre l'avis au roy et l'expédier. »

» Par exemple, si présentement nous étions en état de faire voile, les vents étant comme ils le sont au nord-est, je serais d'avis de partir et d'aller droit à Barcelonne, si nous étions sûrs d'y trouver les Hollandais. J'espère, Monseigneur, que par le courrier vous aurez été informé si les Hollandais sont encore à Barcelonne, et s'il est vrai que don Juan s'embarque pour la Sicile, où, en ce cas, les deux mille soldats dont je vous ai parlé seraient bien utiles, notamment à Augusta.

De la main de Colbert.
« Bon. »

» Croyez, Monseigneur, que je fais mon devoir par la diligence et l'ordre requis pour cela. La décision pour le vaisseau de M. de Laugeron et de celui du chevalier de Lafayette m'embarrasse ; le service voulait que l'on se servît du sieur Montreuil, qui est un bon sujet. Autant que le temps l'a pu permettre, j'ai fait voir aux capitaines que j'ai pu voir la faute qu'ils ont faite d'avoir, contre mon avis, écrit la lettre qu'ils ont tous signée, et qu'il ne leur arrive plus pareille affaire. Le tré-

De la main de Colbert.
« Examiner la différence. »

sorier ne demeure pas d'accord de ce que vous me faites l'honneur de me dire sur les appointements et table.

Je suis avec respect et obligation,

Monseigneur,

Votre très-humble et très-obéissant

serviteur,

» DUQUESNE. »

(Archives de la marine, à Versailles.)

Duquesne et Ruyter aux prises, tout le monde était dans une attente émouvante de ce beau et noble spectacle. Tout le monde avait le pressentiment de ce sombre drame, de cette bataille digne des héros d'Homère; Ruyter lui-même en quittant son fils et ses amis leur avait dit :

— *Je ne reviendrai pas de cette campagne.*

Duquesne ayant vu son plan de jonction adopté par Louis XIV, repartit de Toulon avec le grade de lieutenant-général, le 17 décembre, à la tête de vingt vaisseaux et de six brûlots. C'était la première fois qu'Abraham Duquesne commandait en chef une flotte de guerre en France. Il allait se trouver en face de l'adversaire le plus redoutable de ces temps-là, le vieux Ruyter dont la réponse qu'il fit à M. de Weldt, secrétaire du collège de l'amirauté de Hollande dans un moment où ce dernier lui parlait des marins français dans des termes peu favorables jusqu'à lui dire qu'il n'avait qu'à se présenter pour les faire fuir, prouve qu'il en faisait le plus grand cas.

— Les Français sont commandés cette fois par un homme qui devrait être prince, si prince signifiait quelque chose; c'est Duquesne; et je l'avoue, je ne voudrais pas me trouver, moi, opposé à Duquesne avec des forces inégales, car cet intrépide marin, à la tête d'une flotte, vaut déjà une douzaine de vaisseaux.

— Comment! monsieur Ruyter, craindriez-vous Duquesne à ce point?

– Je vous l'affirme, répondit Ruyter.

Mais ce qui exprime hautement l'opinion de Ruyter sur Duquesne, c'est sa réponse à un capitaine anglais, qu'il rencontra dans les eaux de Melazzo et qui le questionna sur le but de sa mission.

— *J'attends le brave Duquesne.*

Du 1er au 5 janvier, la flotte hollandaise croisa entre le phare et les îles de Stromboli afin d'empêcher la jonction des deux escadres françaises, l'arrivée de Duquesne lui ayant été annoncée de Gorgone.

De son côté Duquesne se trouvait dans le même moment dans ces parages sans nouvelles au sujet de la flotte hollandaise comme le constate sa lettre à M. de Vivonne.

Duquesne à Vivonne

« Monseigneur,

» Nous sommes en vue des îles de Sicile dès le premier jour de l'an. Stromboli nous demeure présentement à l'est, le vent est au sud-sud-est, très-petit, et la mer est calme ; nous sommes toujours dans le dessein de faire notre route, ainsi que je vous en ai informé.

» C'est ce dont le temps me permet de vous donner avis, et ainsi que depuis un moment le capitaine d'un vaisseau anglais à qui M. de Lafayette a parlé, et qui a passé par le Phare et par Melazzo, lui a dit qu'il avait été à bord de l'amiral Ruyter, qui était à l'ancre proche dudit lieu avec son armée.

» Je suis,

» Monsieur,

» Votre très-humble et très-obéissant serviteur

» Duquesne.

» Le 5 de l'an 1676. »

(Bibl. roy., Mss.

D'après cet avis aussi, Duquesne disposa sa flotte en ordre de bataille.

Cependant les deux flottes ne firent aucun mouvement jusqu'au 8. Le vent ayant sauté du nord-est à l'ouest-sud-ouest, Duquesne appareilla aussitôt pour profiter de l'avantage que cette brise lui donnait pour arriver sur Ruyter, et, dès onze heures du matin, un feu terrible s'engagea sur toute la ligne. Voici les détails que Duquesne envoya à M. de Vivonne.

Duquesne à Vivone.

« Monseigneur,

» Le lendemain de ma dernière lettre, qui était le 8, ayant porté bonne voile toute la nuit d'un vent frais, le matin je fis revirer, et nous gagnâmes le vent des ennemis; alors nos vaisseaux étaient écartés; un peu d'impatience me prit pour employer la journée et profiter de l'avantage du vent. Ainsi nous arrivâmes sur les ennemis qui nous tirèrent à grande portée; je me mis par le travers de la division de Ruyter, qui, peu à peu, arrivait. Cependant la canonnade s'échauffa qui nous attira le calme. Je n'ai pas le temps de vous faire un détail des démarches des ennemis ni de nos vaisseaux; mais je vous assure qu'attendu les coups que nous avons reçus, il faut absolument qu'ils aient pris le temps de se réparer, une partie de leurs galères ont remorqué de leurs vaisseaux battus, et incommodés, et nous, sur le soir, nous avions peine à nous gouverner, toutes nos manœuvres étant coupées pour la seconde fois.

» Toute cette nuit là et le jour d'hier furent employés à nous réparer pour pouvoir faire route au Phare, où nous croyions que l'ennemi voudrait disputer encore une fois le passage, ce qu'il n'a point fait, ni paru que de loin. Enfin, nous avons combattu les Hollandais qui n'ont eu avec eux qu'un galion qui faisait les vingt-six vaisseaux de guerre, plus gros que nous le pensions; si le vent frais avait continué, deux de nos brûlots auraient fait leur effet; mais les calmes ont donné le temps de jeter leurs mâts bas et de couler à fond celui de la Galinassière.

» De Beauvoisis vient de mourir de sa blessure; le sieur de Villeneuve-Verrières est fort blessé et hors du combat; j'ai mis le sieur de Montreuil pour commander son vaisseau jusqu'à sa guérison ou à nouvel ordre. Cette ouverture de passage nous a coûté la perte de nombre d'officiers mariniers, notamment dans ce bord

» Ayant, ce matin, dépassé Stromboli, sur la route du Phare, nous avons vu, dans la brume, un nombre de vaisseaux à l'ouest de nous, que nous avons crus être les Espagnols qui venaient joindre Ruyter. Lors, M. de Preuilly était demeuré assez éloigné de nous, car une pluie nous le cachait ; enfin, il s'est trouvé que c'était M. d'Almeras, qui nous a joints sur les trois heures ; et le vent ayant changé et fait un temps clair, les ennemis ont paru, ce qui nous a fait résoudre d'aller à eux ; ce que je fais dans le dessein de ne les pas quitter si nous les pouvons joindre. C'est le sujet qui m'oblige de vous dépêcher cette felouque pour vous assurer de notre jonction, et aussi que l'on prépare à Toulon un secours de blé et des forces dont vous apprendrez le détail par les dépêches de la cour que je garderai encore parce que je ne trouve pas trop de sûreté dans une felouque, attendu même que Coriton ne nous a pas encore rejoint. J'espère que vous nous renverrez ce porteur, le sieur de Puchen, qui s'est risqué avec joie, pour la seconde fois, pour vous porter des nouvelles ; bien entendu que vous nous le renverrez lorsque nous paraîtrons entre le Phare et Stromboli.

» Il y avait déjà des bâtiments en charge de blé ; mais je n'ai pu ni même voulu en attendre aucune, dans l'empressement que j'avais d'être en ces mers pour les libérer de ces importuns croiseurs. C'est là ce que je peux vous dire pour éviter la perte du temps et envoyer le porteur.

» Je suis, Monseigneur,

> » Votre très-humble et très-obéissant serviteur,

> » DUQUESNE. »

> » De l'armée sous Stromboli, le 10 janvier 1676. »

> *(Bibl. roy., Mss.)*

On voit, par cette brève relation, que la modestie de Duquesne égalait son courage, car il ne dit pas un mot de lui ; mais voici

celle de M. de Valbelle, qui donne sur ce combat mémorable
les détails les plus curieux.

A Messine, le 27 janvier 1676.

. . . .

« Le 1er janvier, nous découvrîmes les îles appelées Alicur
et Falicur; le 6, M. de Lafayette, qui était de l'avant, chassa
un vaisseau, un anglais venant de la Pouille, où il avait chargé
du blé pour Gênes; il apprit du capitaine que Ruyter était
mouillé entre le cap de Rose-Corme et de Mazzo, et, qu'ayant
demandé à Ruyter ce qu'il faisait en ces mers, il lui avait
répondu : *J'attends le brave Duquesne.*

» Cette nouvelle fut cause que M. Duquesne appela les officiers généraux au conseil, où il leur déclara qu'il ne voulait
pas combattre les ennemis entre la Sicile et les îles, à cause
des marais, des calmes fréquents, des secours qu'ils pouvaient
tirer des galères, et des inconvénients et périls dans lesquels
les vaisseaux dégréés pouvaient tomber; il fut résolu tout
d'une voix de les aller reconnaître si le vent nous favorisait.

» Cependant M. Ruyter, averti par les feux et les fumées des
îles de Lipari et de Salini, que nous étions proche du lieu où
il était, mit à la voile la nuit du 6 au 7, et au point du jour,
nous le vîmes au cap de Pessaro et Stromboli; sa flotte était
composée de trente vaisseaux, savoir : douze grands, douze
médiocres, quatre brûlots, deux flûtes et neuf galères.

» Le vent était est-sud-est; Ruyter avait toutes ses voiles
hors, et il venait vent arrière sur nous, qui nous rangions en
bataille; or, comme faire des mouvements en présence d'une
armée ennemie, c'est une dangereuse chose, et que nous étions
convenus de n'en faire qu'à l'extrémité, je proposai à M. Duquesne, en présence de MM. de Chaumont et de Montreuil, de
laisser à M. de Preuilly l'avant-garde et à M. Gabaret l'arrière-
garde, puisque la disposition de la flotte se trouvait ainsi; il
approuva ma pensée, et envoya M. de Montreuil à M. de
Preuilly, et de Ris, aide-major, à M. Gabaret, de sorte que

nous fûmes promptement en ordre et en état de recevoir les
ennemis.

» Après midi, M. Ruyter cargua les basses voiles et tint le
vent; cette manœuvre nous fit connaître qu'il se contentait
d'observer si nous étions gens d'ordre et de courage (ce
qu'ayant remarqué, puisque nous l'attendions, allant au plus
près et avec nos huniers seulement, pour lui faire connaître
que nous ne refusions pas la bataille), il n'arriva pas sur
nous, et conserva toujours le vent.

. . . .

» M. Ruyter nous menait vers Palerme, dans l'espérance
de rencontrer le prince de Montesarchio, qu'il attendait
d'heure en heure, et s'il l'eût joint avec ses dix vaisseaux,
avant le combat, sa partie aurait été mieux faite que la nôtre;
mais à la fin du second quart, le vent d'ouest se déclara pour
nous, et le 8, au point du jour, les ennemis étaient à deux
lieues sous le vent à nous. Nous perdîmes une heure de temps
pour attendre notre arrière-garde qui était un peu éloignée, à
cause que nous avions reviré à la diane en faisant la contre-
marche; dès que M. Gabaret fut proche, nous forçâmes de
voiles.

» Les ennemis avaient à leur tête et à leur gauche deux vaisseaux à trois ponts, et qui marchaient bien; mais nous allions
mieux qu'eux, ainsi nous fûmes de l'avant de leur tête à neuf
heures. Une partie de notre corps de bataille avait derrière
l'amiral de Ruyter, et assurément c'était bien fait : alors
M. Duquesne fit le signal d'arriver, ce que M. de Preuilly fit;
mais il prit si peu d'espace, c'est-à-dire de mer ou de terrain
que, quand il fallut présenter le côté et attendre la ligne, il ne
gêna pas seulement les vaisseaux qui étaient derrière lui, mais
ceux de la tête du corps de bataille, faute qui empêcha, durant
quelque temps, les vaisseaux qui étaient ainsi doublés de tirer
sur les ennemis.

» Lafayette en fit une plus grande et dont il fut châtié; car,
impatient et désireux de charger les ennemis, il arriva avant
qu'on eût fait le signal, et trois vaisseaux de l'avant-garde en-

nemie le dégréèrent tellement, que d'une heure il ne put revenir au combat.

» *Le Parfait*, que Châteauneuf monte, fut d'abord démâté de son grand hunier, ce qui l'obligea de se tenir au vent pour faire réparer en diligence son mât; cette manœuvre ne répond pas à sa réputation précédente, qui n'a jamais été ni partagée ni douteuse.

» Langeron, qui était à la tête du corps de bataille, débuta fort bien, mais tout d'un coup il se refroidit, et on ne le vit plus à sa place; Bethune, qui le suivait, faisait bonne figure, mais avec le canon de *la Syrène* il ne pouvait pas soutenir le feu de deux gros hollandais qui le chauffaient; *le Pompeux* (commandé par Valbelle), qui était son voisin, répondait souvent pour lui.

» J'eus l'honneur de me battre deux heures contre M. Ruyter et un de ses seconds, sans compter un petit vaisseau qui se désespérait, à cause que je le méprisais. Il s'est fait des plaisanteries là-dessus; enquérez-vous-en du major. Vous saurez de lui que M. Duquesne m'aida extrêmement, il empêcha ces bourguemestres qui m'avaient entrepris de m'achever; le feu qui sortait du *Saint-Esprit* était grand, et M. Ruyter, qui ne se voulait pas commettre, s'éloignait doucement de nous, et pliait toujours avec ordre : sa conduite nous mettait à bout, et le vent commençait à tomber.

» Cela m'obligea de demander à parler à M. Duquesne; car nous étions à la voix. Il vint à sa galerie de tribord avec M. de Chaumont, et m'ayant demandé ce que je voulais, je lui criai :

— M. de Preully fait la même faute que M. de Martel fit en venant lorsqu'il s'amusa à canonner et à ne pas presser le vice amiral de Zélande; envoyez lui dire, s'il vous plaît, d'arriver sur le contre amiral qui lui est opposé. — Ce qu'il fit en lui envoyant porter cet ordre par M. de Chaumont.

» En vérité, M. de Preully fut très exact à l'obéissance, et nous vîmes plier deux vaisseaux de l'avant-garde; il se battit cruellement; MM. Chabert de Relingue et Vilette le secondèrent bien ; un de ses brûlots, commandé par le marquis de Beauvoisis, se brûla inutilement ; l'autre, que montait le chevalier de la Galissonière, coula bas et fondit sous ses pieds.

» Revenons, s'il vous plaît, au corps de bataille, où il y avait alors moins de feu, parce que les ennemis ne tenaient pas ferme. Tourville, qui était derrière M. Duquesne, avait affaire à un vaisseu à trois ponts; un de nos brûlots les sépara et se mit entre deux, par je ne sais quel signal on lui fit du *Saint-Esprit*; mais il n'eut pas le loisir de marcher un horloge vers les ennemis qu'il fut démâté de ses huniers, et Champagne y mit le feu ; il ne pouvait faire autrement, aucun vaisseau de guerre ne l'escortant : cela servit à faire arriver les vaisseaux ennemis qui étaient par son travers. Mais cette manœuvre n'est ni bonne, ni praticable lorsqu'un vaisseau est dégréé, et qu'on peut escorter le brûlot, risque à pouvoir l'aborder, ou quand on est désemparé, et qu'on veut éloigner ceux qui peuvent nuire. Quiconque l'a fait en des cas différents n'est pas loué, et on lui reproche ladite manœuvre.

» MM. de Cou et Léry ne se sont pas démentis; pour M. de La Barre, qui serrait la queue de la division du corps de bataille, je ne le vis point; et quant à notre arrière-garde, M. Gabaret y a fait humainement tout ce qui se pouvait faire ; Septesmes ne s'est point épargné; Villeneuve Ferrière, capitaine de *l'Aquilon*, y a été tué; mais il y a tant de plaintes dans cette division, que je n'ai pas la force de vous écrire qu'ils laissèrent gagner nos eaux à l'arrière-garde des ennemis.

» Tourville, qui voyait ce désordre, y envoya de son chef Nicolas pour leur dire de la part de M. Duquesne d'arriver ; M. Duquesne y envoya aussi de Ris, aide-major, mais il n'était plus temps : le vent était mou, et le peu qu'il y en avait, contraire; sans mentir, si nous eussions pris le point de l'occasion, l'arrière-garde des ennemis aurait eu de la peine à nous échapper ; elle était coupée sans apparences de pouvoir être secourue : M. Ruyter en était fort éloigné, et nous l'occupions assez; en effet, cet amiral en eut peur, et il envoya deux brûlots à son vice-amiral, qui la commandait.

» M. Duquesne, voyant le vent tomber, fit signe à l'avant-garde de s'y tenir et déploya un pavillon rouge au bâton du beaupré; M. de Lafayette, qui est à la tête, s'en aperçut et se rallia au vent. De malhonnêtes gens y ont trouvé à dire; s'il avait manqué à faire cette manœuvre, il méritait une réprimande plus sévère que celle qu'on lui a faite pour être arrivé de son propre mouvement, parce que cette faute, bien que grande et contre la discipline, ne regarde que lui seul, au lieu que l'autre regarde toute la flotte, et pouvait causer la perte de l'avantage du vent, qui est le plus grand qu'on puisse avoir et perdre sur la mer.

» Une heure avant la nuit, les galères essayèrent leurs canons de coursier contre M. Duquesne, qui les méprisa; Tourville les fit taire en les saluant de deux coups de canon de deux pièces de trente six; elles remorquèrent deux vaisseaux qui apparemment étaient incommodés. Ainsi finit la journée, que l'on appellera la bataille d'Alicur, île à vingt-cinq lieues de Messine, du côté de l'ouest. . . . .
. . . .

(Arch. de la marine, à Versailles.)

Duquesne avait rempli son but, à savoir, la jonction de son escadre avec celle de d'Almeras; c'était donc une première victoire qu'il venait de remporter.

La flotte française ne partit de Messine que le 20 avril; arrivée le 22 à la hauteur d'Agosta où elle devait prendre de la poudre et des canons, les vigies signalèrent la flotte ennemie. En ce moment il faisait calme plat. Dans l'impossibilité où se vit Duquesne de joindre les ennemis par cette acalmie, il prit le parti de les attendre; mais bientôt après le vent ayant soufflé du sud-sud-est, Duquesne prit le large en virant de bord et fit l'est en ordre de bataille.

Ruyter, qui avait l'avantage du vent, laissa arriver, et l'action s'engagea à une demi-portée de canon vers les quatre heures du soir; ce furent les avant-gardes de chaque armée qui ouvrirent le feu. Le combat fut sanglant. Plusieurs offi-

ciers d'un grand mérite y furent tués, entr'autres le vieux
Ruyter, qui eut les deux jambes emportées par un boulet, blessure dont il mourut quelques jours après. La relation de Duquesne à propos de ce combat est encore empreinte de la modestie de ce grand marin; mais on verra quelles louanges il
fait de Ruyter.

« Le 6 mai 1676.

. . . .

« Le 21 (avril) au soir, je fis route avec l'armée vers Agosta,
pour y apprendre des nouvelles des ennemis, et le lendemain
matin, 22, l'on vit paraître leur armée. Nous étions lors en
calme, vers le travers de Catania. J'assemblai les officiers généraux, et, après avoir reconnu que les ennemis commençaient
à avoir le vent sur nous, chacun se rendit à son bord, avec
ordre de se ranger en bataille, ce qui ne put pas être sitôt fait,
n'y ayant pas assez de vent pour gouverner les vaisseaux. Les
ennemis venaient aussi lentement par la même raison. L'heure
de midi se passa sans que les ennemis fussent à nous; sur les
deux heures, leur avant-garde mit en panne pour attendre leur
arrière-garde. Toute leur armée était composée de trente-neuf
ou quarante voiles, tant espagnoles que hollandaises, chaque
nation ayant son pavillon d'amiral et contre-amiral, et, de plus,
neuf galères, qui étaient partagées entre les divisions.

» La mer n'était lors presque plus agitée que le canal de
Versailles, ce qui favorisa fort les bons canonniers. Sur les
trois heures, l'avant-garde ennemie fit voile, et en s'approchant, nous reconnûmes que Ruyter la commandait, ce qui me
surprit, ayant vu dans toutes les occasions où je me suis trouvé
depuis quarante ans contre les Espagnols, que leur amiral
avait toujours fait l'avant-garde, même l'année dernière, au
combat vers le Phare, où M. le duc de Vivonne battit les Espagnols, l'amiral faisait la tête de son armée, et moi celle des
neuf vaisseaux du roi, et avec trois d'eux, je combattis l'amiral ennemi et toute sa division. Dans cette dernière affaire-ci,

il en a été autrement : l'amiral d'Espagne ayant fait le corps de bataille, et moi celui de l'armée du roi, ce qui a été cause que je n'ai eu affaire à Ruyter que sur le milieu du combat.

» La division de M. d'Almeras faisait l'avant-garde, et le sieur de Gabaret l'arrière-garde, et toute l'armée était fort bien en bataille à bon vent; et, comme nous étions lors à vu d'Agosta, le vaisseau *la Syrène*, qui avait été coupé par les ennemis plusieurs jours auparavant, et contraint de se retirer dans ce port, nous voyant, mit à la voile, et nous vint joindre un peu avant que l'on fit feu du canon, qui commença sur les quatre heures après midi, et de fort près, par les avant-garde des deux armées, où le combat s'échauffa premièrement, et pendant une heure le feu y fut très-grand.

» Lors, voyant que l'amiral d'Espagne n'approchait pas assez, je fis davantage de voiles avec ma division, en ayant fait le signal auparavant à notre avant-garde, afin de me donner lieu de partager le feu des ennemis les plus proches. Alors l'amiral d'Espagne, qui n'avait tiré que de loin, arriva à bonne portée sur nous pour seconder son vice-amiral et celui de Hollande, qui nous avaient attaqués ; et comme toute l'armée du roi était sur une même ligne, en tenant le vent au plus près, cela faisait que les ennemis, qui mettaient souvent leurs huniers en panne, s'approchaient de notre ligne en dérivant, de sorte que nos canons faisaient un grand effet sur eux, dont quatre de leurs gros vaisseaux démâtés seraient tombés en nos mains sans les galères d'Espagne, qui les vinrent prendre et remorquer hors la portée de nos canons, non sans en avoir essuyé plusieurs volées.

» Dans ces temps-là, il y eut quelques vaisseaux de notre avant-garde dont les équipages s'ébranlèrent après la mort de leur commandant ; M. d'Almeras ayant été tué d'un boulet de canon, M. de Tambonneau d'un semblable coup dès le commencement, le sieur de Cou, blessé d'un éclat, dont il est mort ensuite, et le sieur de Cogolin blessé, mais non si dangereusement.

» Après que ces quatre vaisseaux démâtés et un cinquième,

dont nous ignorons l'incommodité, furent sauvés par les galères, l'amiral Ruyter se trouva peu accompagné ; il fut contraint
de mettre le vent sur ses voiles pour donner lieu aux vaisseaux qui étaient derrière lui de le rejoindre, en sorte qu'il
tomba en travers du *Saint-Esprit,* qui était entre *le Sceptre* et
le Saint-Michel , desquels il essuya un si grand feu, qu'il fut
obligé de revirer de bord à la faveur de la grande fumée que
causaient les canonnades de part et d'autre , et même de
l'obscurité de la nuit qui s'approchait, sans quoi il y aurait
sans doute demeuré, et l'on entendra dire quelque jour 'ue
jamais vaisseaux ne se sont retirés en si méchant état.

» Cependant les deux vice-amiraux d'Espagne et de Hollande occupaient d'assez loin notre arrière-garde ; il n'y eut
que le contre-amiral hollandais, avec sa division, qui tomba
sur la queue de ladite arrière-garde, où étaient le chevalier de
Léry, le marquis de Langeron, et les sieurs de Beaulieu et
de Lafayette, qui le combattirent de si près, qu'ils en vinrent
à la voix ; en sorte que des nôtres, qui étaient sous le vent, les
défièrent de venir à bord ; enfin , la nuit étant venue, le contre-
amiral se rallia au gros de son armée, et ensuite tous firent
voile autant que le mauvais état où ils étaient le leur permit,
et suivirent leurs galères qui emmenaient les cinq vaisseaux
desemparés.

» Du côté de l'armée du roi, il y a plusieurs vaisseaux désemparés et autres de l'avant-garde maltraités de coups de
canon. La première nuit après le combat fut employée à réparer, autant qu'il se put, quelques mâts et vergues , sans que
l'armée ait pu faire route, n'ayant pu donner ordre que le matin à faire remorquer *le Lys* et *l'Aimable* par d'autres vaisseaux jusqu'à ce qu'ils se soient mis en état ; ce qui n'est pas
fait avec l'adresse et diligence requises dans une occasion où
il s'agit de soutenir l'avantage que nous avons remporté. Il est
vrai qu'ensuite du combat nous avons essuyé un coup de vent
très-fâcheux.

» M. d'Almeras étant mort, et le commandement de sa division étant échu dans le combat à M. de Valbelle, il envoya le

marquis de La Porte commander sur le *Vermandois* à la place du sieur de Tambonneau, qui avait été tué ; ce que j'ai confirmé jusqu'à nouvel ordre du roi. Cependant il y a d'autres capitaines qui disent devoir être préférés à lui par la raison qu'ils sont dans l'armée avec ordre du roi, et lui n'en a aucune ; j'ai remis ce règlement à M. de Vivonne, étant à Messine.

» Cependant, le lendemain du combat, j'envoyai le chevalier de Coëtlogon commander sur l'*Eclatant*, le sieur de Cou étant lors hors de combat, et maintenant étant mort.

» Il reste à donner *le Lys* à un des officiers généraux ; je l'avais offert au sieur de Gabaret, comme plus ancien ; mais il ne l'a pas voulu qu'à la condition de changer toutes les divisions, à quoi je n'ai pu consentir pour beaucoup de raisons qui ne cadrent pas au service ; car de pareils changements dans ces occasions ne sont pas à propos, et multiplient les écritures qui sont hors de raison. M. le duc de Vivonne décidera la chose.

. . . .

» J'estime que cette action plaira au roi, qui aime la gloire de sa marine, et même, si Sa Majesté regarde que trente de ses vaisseaux de guerre, sous un pavillon de vice-amiral, sont allés attaquer et ont combattu sous le vent, et battu un plus grand nombre de vaisseaux espagnols et hollandais, sous deux pavillons d'amiraux et autres inférieurs, lesquels ont tous risqué le lendemain du combat pour entrer dans une embouchure de port fort étroite, et se tapir là dedans, sans avoir osé en sortir à la vue de son armée qui n'avait pas encore pris le loisir de se réparer.

. . . . , . . .

» J'ai sujet de me louer beaucoup des conseils et des actions de MM. de Preuilly, de Valbelle, de Tourville et du marquis d'Amfreville, qui mérite d'être avancé ; le chevalier de Léry se distingue aussi en toutes occasions, etc.

. . . . : . . . .

» DUQUESNE. »

» De l'armée navale, dans le port de Messine, ce 6 mai 1676.

Le duc de Vivonne, libre de sortir de Messine, découvrit la flotte ennemie dans la baie de Palerme, à l'abri des forts et des châteaux forts. Il l'attaqua le 2 juin et la détruisit. La mer et la plage furent couvertes de débris et de cadavres; la marine française, fondée pour ainsi dire par Richelieu, instruite par Duquesne, fut dès ce moment et jusqu'à la bataille de La Hogue, la première de l'Europe.

Un navire hollandais tomba peu de jours après au pouvoir de Duquesne. Il apprit que ce vaisseau transportait le cœur de Ruyter en Hollande; il se rendit à bord, salua ce reste d'un grand homme, et se tournant vers le capitaine, M. Kallemburg.

— Poursuivez votre route, lui dit-il, votre mission est trop respectable pour qu'on l'arrête.

Le traité de paix de Nimègue entre la France, l'Espagne et la Hollande mit fin, ou suspendit pour quelques années, les luttes sanglantes qui avaient coûté déjà tant de sang si précieux et vu périr tant de héros.

Condamné ainsi au repos, Duquesne ne reprit la mer qu'en 1681, pour aller châtier les pirates de la Méditerranée. Cette campagne commença par l'expédition de Chios ou Scio, à laquelle donna lieu la grande faiblesse de l'ambassadeur français près la Porte ottomane, M. de Guilleragues. Quoique peu importante en elle-même, elle offre une particularité des plus intéressantes par l'épouvante que le seul nom de Duquesne inspirait à Constantinople, ainsi qu'on pourra en juger d'après quelques extraits traduits d'une lettre écrite par un Turc. (Aff. étrangères. Afrique, 1681-1685.)

» Ce maudit vieillard de serdar (capitaine) des vaisseaux francs sait vivre d'air, et danser, et se réjouir avec les flots de la mer la plus irritée, marchand sur la terre la plus immobile; lequel, comme un véritable poisson, ne se soucie ni d'hiver ni d'été, et ne se lasse pas de vivre quoiqu'il ait cent ans, et que depuis quatre-vingts il fasse une grande provision dans le marché où l'on vend le bon manége, les finesses et les fourberies. »

Voici les faits. — Les forbans de Tripoli ayant enlevé quelques bâtiments français sur les côtes de Provence, Duquesne
poursuivit leurs galères jusque dans le port de Chio, où elles
semblaient se mettre sous la protection du Grand Seigneur.
Cette considération n'arrêta point Duquesne ; sur le refus du
pacha de les faire sortir du port, il les foudroya de son artillerie et les réduisit à implorer sa clémence.

» Les infidèles Français, que Dieu veuille exterminer, gens
inquiets et de nul repos, sont venus à Chio sous le commandement d'un vieil capitaine qui avait un beau galion escorté
de cinq ou six autres ; ils ont tiré pendant quatre ou cinq heures sur les vaisseaux de Tripoli de Barbarie, ils ont aussi en-
dommagé les forteresses et les mosquées, et n'auraient point
cessé si les canons des fidèles croyants, à corps de bronze et
gueule de dragons, vomissant la braise et les boulets, n'eussent
accompli sur eux cette parole de notre écriture : *ils ont jeté la
crainte dans leurs cœurs*. La terreur s'étant saisie en cette manœuvre de ces maudits Francs (dont l'enfer est le dernier gîte),
ils ne laissèrent pas, ne pouvant plus user de force ouverte,
de rôder autour du port de Chio, d'arrêter les bâtiments de
marchandises qui portaient de l'assistance aux Tripolitains,
et d'aller et venir comme des fous, en faisant de grandes
menaces ; mais ils parurent ramasser un peu leurs esprits
dans leur tête lorsque le capoudan-pacha, lieutenant absolu
de l'empereur des sept climats sur les mers de ce vaste monde, eut honoré le canal de Chio de lui faire porter les galères
du successeur à l'empire de la terre dont la gloire sera per-
pétuelle. »

Voici l'explication de cette pompeuse relation orientale. Le
gouverneur de Chio, craignant de voir toute la ville rasée, dé-
pêcha un parlementaire à Duquesne pour le supplier de faire
cesser le feu, et lui fit faire des propositions d'accommodement.
Duquesne accéda à cette prière et donna un délai de huit jours
pour que justice lui fût rendue.

— Sans quoi il entrerait de vive force dans Chio et

Batailles navales.   6

y mettrait tout à feu et à sang pour se faire justice soi-même

Il fut donc arrêté que les Tripolitains sortiraient du port de Chio ; mais l'exécution du traité traîna en longueur par la pusillanimité de M. de Guilleragues, qui craignait d'être pendu. Un ordre du roi ayant rappelé Duquesne en France, il fut obligé, à son grand regret, de renoncer à châtier ces pirates.

Louis XIV méditait une entreprise contre les Algériens, qui avaient pris plusieurs bâtiments français, et c'est pour consulter ce marin si expérimenté sur les chances de cette attaque que Colbert le fit revenir. Duquesne songeait depuis longtemps à une expédition contre ces barbaresques. Il savait que Charles-Quint, qui disposait en souverain de presque toute l'Europe, et qui était secondé par les Fernand Cortés, les ducs d'Albe, et les Pierre de Tolède sur terre, et les André Doria par mer, avait vu la mer en furie engloutir presque toute sa flotte et que lui-même avait été obligé de fuir sur un bâtiment démâté.

Duquesne proposa son plan d'attaque qui offrait certainement des chances de succès ; mais il fut puissamment aidé dans son expédition par *les galiotes à bombes* que venait d'inventer un jeune ingénieur, nommé Bernard Renau d'Elicagaray, natif du Béarn, et surnommé Petit-Renau, à cause de l'exiguité de sa taille. Les vieux marins se moquèrent de cette création. La perspicacité de Duquesne le rassura : il imposa silence aux ignorants, et le succès justifia l'ingénieur. Duquesne conduisit cinq de ces galiotes devant Alger. Bombardée à outrance par les feux de cette arme terrible, la ville implora la commisération de l'amiral. Mais les Algériens recommencèrent leurs pirateries. Duquesne alla de nouveau les assiéger. La défense fut aussi terrible que l'attaque. Les Algériens poussèrent leur barbarie jusqu'à lancer sur les vaisseaux français les cadavres de leurs esclaves. Les galiotes firent payer cher cet acte de sauvagerie ; mais Duquesne se laissa fléchir une seconde fois par les prières de ces brigands. Il se contenta de leur vendre à prix d'or une paix honteuse qui ne les humilia ni ne les corrigea. Gênes eut son tour ; elle avait secouru les Algériens, il en fit un monceau de ruines, s'empara du faubourg et contraignit le Doge à venir chercher son pardon à Versailles.

Après ces nouveaux triomphes, Duquesne ne servit plus sa patrie que par ses conseils. Colbert les avait toujours recherchés, son fils Seignelai ne put s'en passer. Duquesne avait fait une révolution dans la marine. Avant lui, le plus fort de nos vaisseaux ne portait que soixante canons ; il en éleva la force jusqu'à cent. C'est à lui qu'on dut des évolutions plus savantes, une discipline plus sévère, l'agrandissement des arsenaux, la construction des bassins et le régime des classes.

Cependant, malgré sa vieillesse, il voulait justifier par de nouvelles expéditions son titre de général des armées navales. Louis XIV lui répondit :

— « Qu'à son âge, et après tant de victoires, il devait jouir du repos. Ce sera vous d'ailleurs qui conduirez encore nos flottes, ajouta le roi, car tous leurs capitaines suivront vos leçons et vos exemples. »

On assure qu'il fut encore sollicité d'acheter par sa conversion le bâton de maréchal, mais l'homme de mer fut plus opiniâtre que le vainqueur des Dunes, que le conquérant du Palatinat ; et que Louis XIV lui aurait dit :

« *Monsieur Duquesne, j'aurais voulu que vous ne m'empêchassiez pas de récompenser vos services comme ils méritent de l'être ; mais vous êtes protestant, et vous savez mes intentions là-dessus*

Duquesne répondit avec sa rudesse habituelle .

« Sire, je suis protestant, c'est vrai ; mais j'avais toujours pensé que mes services étaient catholiques.

Duquesne se retira dans sa famille, et pressentant les persécutions qu'allait subir le calvinisme, l'avenir de ses enfants le troublait. Il résolut de leur assurer un asile en achetant la terre d'Aubonne, près Berne, dont les magistrats lui accordèrent droit de bourgeoisie.

Enfin Duquesne, l'un des premiers hommes de mer qu'ait honoré la France, et celui qui seul avait élevé au premier rang la marine française, rendit le dernier soupir le 2 février 1688 et n'obtint pas même un mausolée dans sa patrie.

JEAN D'ESTRÉES

— 1624 —

Aux événements militaires du règne de Louis XIV s'atta-
chèrent quelques familles, quelques noms d'hommes que la
célébrité des batailles emporta célèbres aussi dans la postérité.
Le nom des d'Estrées fut de ce nombre. Jean et Victor, l'un
père et l'autre fils, se transmirent l'un à l'autre, par droit de
naissance, les grand titres et l'illustration.

Jean d'Estrées naquit en 1624. Son père, François-Annibal
d'Estrées, maréchal de France, eut l'insigne faveur de voir éri-
ger la terre de Cœuvres en duché-pairie par Louis XIV

La maison d'Estrées était originaire de Picardie. Elle a été
féconde en grands hommes, et a produit des héros dans presque
tous les âges. Jean d'Estrées lui donna un nouvel éclat, car on
peut dire qu'il fit honneur à la marine française.

Pour ne point changer les habitudes de ses ancêtres, persuadé d'ailleurs que son fils marcherait sur leurs traces, François-Annibal d'Estrées le fit entrer dès sa plus tendre jeunesse
dans la carrière militaire. Il fit ses premières armes dans un
régiment d'infanterie en qualité de volontaire. Il y acquit le
grade de capitaine et bientôt après celui de colonel. Il fit sa
première campagne en 1644, sous les ordres du duc d'Orléans
qui dirigeait le siége de Gravelines, et y reçut une blessure à

la main droite qui le laissa estropié. En 1649, on lui conféra le grade de maréchal de camp, et c'est sous ce titre qu'on le trouve à l'attaque du pont de Charenton, aux siéges de La Bassée, d'Ipres, et dans maints autres combats où son courage et ses capacités le portent toujours au premier rang. En 1654, il fit partie de l'armée du maréchal de Hocquincourt, et l'année suivante, élevé au grade de lieutenant général des armées du roi, il défit plusieurs détachements des ennemis qui voulaient se jeter dans Avesnes.

Mais c'est en 1656 que Jean d'Estrées fit preuve des plus grands talents dans l'art de la guerre : c'était au siége de Valenciennes. Les maréchaux de Turenne et de la Ferté commandaient conjointement l'armée française. Le comte de Bernouville, alors comte de Hénin, était gouverneur de la place, et avait avec lui le prince de Condé.

L'investissement de la place eut lieu le 15 juin, et le 16 les deux maréchaux ouvrirent la tranchée chacun de leur côté. Le maréchal de La Ferté avait commis la faute de ne pas enceindre une hauteur qui se trouvait non loin de la place. Le prince se hâta de s'en emparer. Dès ce moment, tous les efforts de l'armée française devinrent inutiles, et, dans la nuit du 16 au 17 juillet, le prince de Condé fit une attaque si vigoureuse, que le maréchal ne put résister; il y fut même fait prisonnier avec plusieurs officiers généraux.

Le comte d'Estrées prit alors le commandement de l'armée; il soutint fort longtemps les efforts des Espagnols, et facilita aux Français les moyens de se retirer à Condé. Il ne put cependant résister au nombre, et il fut fait prisonnier.

La France et l'Espagne conclurent la paix en 1659, ce qui força le comte d'Estrées à rentrer dans la tranquillité de la vie domestique; mais une imagination aussi ardente ne pouvait rester inactive. Il remplaça l'étude de l'art de la guerre par celle des mathématiques et par la lecture des plus célèbres auteurs qui ont écrit sur la tactique. Un seul genre d'étude était encore trop borné pour un génie aussi étendu. Il s'appliqua à science nautique, parcourut les ports de France, d'Angleterre et de Hollande.

— Conversant de temps en temps avec les pilotes, les offi ciers et les matelots, prenant conseil des uns et des autres, si bien, dit un biographe, qu'il apprit tout ce qui est nécessaire pour former un homme de mer.

D'un autre côté, l'inimitié de Louvois avait constamment entravé sa carrière, et, comptant sur la protection de de Lionne, dont la fille était mariée avec M. A. d'Estrées, marquis de Cœuvres, il quitta le service de terre pour le service de mer, où il se couvrit d'une nouvelle gloire.

Les temps sont bien changés, car cet apprentissage de l'amiral d'Estrées fait hausser les épaules des marins de nos jours. Louis XIV n'en jugea pas ainsi; il lui conféra à la fois les titres de duc et pair en 1663; mais c'est vers l'année 1666 que Jean d'Estrées commença sa nouvelle carrière.

La guerre avait de nouveau éclaté entre la France et l'Espagne, et tandis que le roi se trouvait en Flandre à la tête de l'armée, il apprit que les Anglais avaient fait une invasion dans certaines de ses possessions de l'Amérique et y avaient causé les plus grands ravages. Le roi résolut donc d'y envoyer une escadre, et en confia le commandement au duc d'Estrées, qui en tira une éclatante et prompte vengeance, et força les Anglais à évacuer le pays qu'ils avaient envahi, et à se rembarquer précipitamment, après leur avoir fait éprouver de grandes pertes.

Le mois d'avril 1672, par suite des sujets de mécontentement que les Hollandais leur avaient donnés, Louis XIV et Charles II, roi d'Angleterre, leur déclarèrent la guerre, et décidèrent de les attaquer par terre et par mer. Louis XIV envoya contre eux une armée de terre, qui leur prit plusieurs places, et mit la flotte sous le commandement du duc d'Estrées, auquel il décerna le grade de vice-amiral. Le roi d'Angleterre, de son côté, mit en mer un grand nombre de vaisseaux sous les ordres du duc d'Yorck, son frère unique, qui devint ensuite roi d'Angleterre, sous le nom de Jacques II.

Voici l'instruction que Louis XIV remit à d'Estrées au sujet
de cette guerre maritime.

*Instruction que le Roi a ordonné être mise ès-mains du sieur
comte d'Estrées, vice-amiral de France, en passant, s'en allant
commander la flotte que Sa Majesté met en mer pour être
jointe à celle d'Angleterre.*

« Ledit sieur comte d'Estrées doit être informé que Sa Majesté a fait un traité avec le roi d'Angleterre, pour déclarer la
guerre en commun aux États-Généraux des Provinces-Unies ;
que Sa Majesté doit faire cette guerre par terre avec un secours
auxiliaire dudit roi d'Angleterre, et qu'il doit la faire par mer,
avec un secours auxiliaire de trente vaisseaux français et huit
brûlots ; l'extrait dudit traité concernant la jonction de ladite
flotte française à celle d'Angleterre sera joint à la présente
instruction.

» Ledit comte d'Estrées est de plus informé que Sa Majesté,
voulant savoir au vrai le temps que la flotte anglaise pourra
être mise en mer, et tout ce qui serait à faire, tant pour le
lieu d'assemblée des deux flottes que pour leur jonction, a envoyé le marquis de Seignelay en Angleterre pour conférer
avec les commissaires du roi d'Angleterre, et convenir de
tout ce qui serait à faire par les deux flottes. Sur quoi ils sont
convenus d'articles signés de part et d'autre, dont copie est
pareillement jointe à cette instruction. Ces deux pièces, devant servir à régler la conduite du sieur comte d'Estrées, ser-
viront pareillement pour tout ce qui sera dit ci-après.

» Sa Majesté veut que ledit sieur comte parte promptement,
et se rende en diligence à Rochefort, où il examinera avec soin
l'état auquel sont les vaisseaux de Sa Majesté, qui doivent partir dudit lieu, visitera leurs radoubs, carène, leur artillerie,
armes, équipages, agrès, et généralement tout ce qui en dépend ; donnera ses avis sur le tout au sieur Colbert de Terron,
intendant de la marine du Ponant, et prendront ensemble les
mesures et résolutions nécessaires pour rendre cet armement

le plus complet et le plus fort qui ait été jamais mis en mer, et penseront tous deux à tous les moyens possibles pour le rendre tel qu'il puisse soutenir dignement la gloire des armes et du règne de Sa Majesté, particulièrement dans une occasion comme celle-ci, où elles vont être jointes avec la nation du monde qui a été toujours la plus forte en mer, et qui a le plus de pratique et d'expérience, et contre une autre nation, qui est aussi fort puissante, et qui a fait de belles actions.

» Sa Majesté veut que ledit sieur comte d'Estrées prenne des mesures pour les vaisseaux de Rochefort et de Brest, pour exécuter ponctuellement les articles signés à Londres, c'est-à-dire pour être en état de partir de la rade de Berteaume ou de la baie de Brest au 25 avril prochain.

» Sur ce fondement, il faut qu'il donne ses ordres pour faire partir ceux de Rochefort depuis le premier jusqu'au quinzième août, afin que, sans une trop grande contrariété de vents, ils puissent se rendre ou dans la baie de Brest, ou à la rade de Berteaume, avant le 25 du même mois

» Aussitôt qu'il aura donné ses ordres à Rochefort, il s'en ira en diligence, ou par mer ou par terre, ainsi qu'il le jugera plus à propos, à Brest, pour y faire préparer les vaisseaux qui y sont, avec la même diligence et ponctualité.

» Il doit observer qu'en cas de contrariété de vents, les mêmes qui empêcheraient les vaisseaux de Rochefort de se rendre à Brest pourraient servir à la flotte hollandaise à passer la Manche, et faire quelque entreprise sur les vaisseaux de Rochefort ou de Brest ; c'est pourquoi il doit examiner et prévoir tous les accidents qui peuvent arriver, pour y apporter tous les remèdes qu'il estimera nécessaire.

» Sa Majesté prendra soin de le faire soigneusement avertir de tout ce qui se passera dans la Manche, et il verra dans les articles arrêtés à Londres, que le roi d'Angleterre s'est chargé du même soin par des petits bâtiments qu'il doit envoyer de Plymouth et de Falmouth à Brest, soit pour lui donner avis en cas que la flotte hollandaise entrât dans la Manche, soit pour lui faire savoir le temps auquel sa flotte sera assemblée aux Dunes.

» Sa Majesté veut qu'aussitôt qu'il sera arrivé à Brest il envoie une coche ou autre petit bâtiment à Falmouth et à Portsmouth, donner avis aux officiers qui commandent en ces lieux-là pour le Roi d'Angleterre de son arrivée au dit lieu, et qu'il attendra leur avis sur l'état auquel sera la flotte anglaise pour partir aussitôt qu'elle sera assemblée aux Dunes, et entrer dans la Manche; et il prendra le soin d'y tenir quelques petits bâtiments qui auront l'ordre de l'informer de tout ce qui se passera, et de l'aller joindre en cas qu'il y eût quelques avis importants à lui donner.

» Aussitôt qu'il saura, ou par les avis que Sa Majesté lui fera donner, ou par ceux qui lui viendront d'Angleterre, que la flotte anglaise sera assemblée aux Dunes, Sa Majesté veut qu'il entre dans la Manche avec toute sa flotte, et qu'il se rende aux Dunes avec toute la diligence que le vent lui pourra permettre.

» En cas que, par la contrariété des vents ou quelque autre accident imprévu, ou que le dit sieur vice-amiral ne pût se rendre aux Dunes, ou que les Hollandais fussent entrés dans la Manche avec toute leur flotte, et le missent en état d'empêcher la jonction des vaisseaux de Sa Majesté avec ceux d'Angleterre, il pourra se retirer, s'il l'estime nécessaire pour le bien du service de Sa Majesté, où à Falmouth, ou dans la baie, ou dans le port même de Portsmouth, où il recevra toute assistance et bon traitement, suivant les ordres que le roi d'Angleterre a donnés en exécutions des dits traités et articles.

» Sa Majesté veut que le dit sieur vice-amiral tienne la main à ce que tous les vaisseaux aient pour cinq mois de vivres, à compter du 1er jour d'avril prochain, et elle prendra soin d'en faire porter pour deux autres mois des ports du Havre et de Dieppe, à Châtam, dans les magasins que le Roi d'Angleterre a fait donner, afin que lorsque l'armée anglaise y relâchera pour y prendre des vivres ou pour autres causes, celle de France y puisse aussi prendre les dits deux mois de vivres pour pouvoir demeurer en mer jusqu'au dernier octobre, suivant ce qui a été convenu avec le dit Roi d'Angleterre. Sa Majesté tiendra au dit lieu de Châtam un commissaire général ou particulier de marine, pour prendre soin du radoub des vaisseaux, en cas qu'il en soit besoin, et même pour fournir tout ce qui lui sera nécessaire en cas de combat.

» En cas que la flotte anglaise ne soit obligé d'entrer dans la Manche pour joindre celle de France, ou en quelque lieu que la jonction se fasse, le dit sieur vice-amiral exécutera les ordres qui lui seront donnés par le duc d'York, ou par celui qui commandera l'armée d'Angleterre, et qui montera le vaisseau portant le pavillon rouge amiral, et, soit que la jonction se fasse dans la Manche ou aux Dunes, Sa Majesté veut que ce dit sieur vice-amiral salue le pavillon rouge d'Angleterre de treize coups, en le rendant de même nombre de coups, sans plier ni fréter le pavillon de part et d'autre, et même Sa Majesté lui permet, à cause de l'inégalité des pavillons, de se départir du même nombre de coups, et de se contenter d'en recevoir deux de moïns.

» Et comme il tiendra le rang du pavillon blanc d'Angleterre, qui est le second, Sa Majesté ne doute point que le Roi d'Angleterre ne donne ordre au pavillon bleue, qui est sont troisième pavillon, de saluer le pavillon de Sa Majesté, et en ce cas, elle veut qu'elle rende coup pour coup. Mais si le dit Roi demande que ces deux pavillons ne se saluent point réciproquement, Sa Majesté veut que le dit sieur vice-amiral en convienne.

» Pour le surplus, Sa Majesté estime qu'il sera de l'avantage du service commun, tant de Sa Majesté que du dit Roi d'Angleterre, que tous les autres vaisseaux ne se saluent point réciproquement.

» Dans tous les conseils, le dit sieur vice-amiral, le lieutenant général et le chef d'escadre tiendront le rang porté par le dit traité.

» Sa Majesté ne désire point qu'aucun autre capitaine y assiste, si ce n'est pas l'ordre exprès de l'amiral anglais.

Elle veut que le dit sieur vice-amiral évite, autant qu'il lui sera possible, les détachements, et qu'il fasse en sorte que tous les vaisseaux de sa flotte demeurent toujours ensemble; mais en cas que la nécessité du service oblige à faire des détachements, elle désire qu'il fasse en sorte, s'il est possible, que les vaisseaux des deux nations ne soient pas mêlés, afin d'éviter le commandement des Anglais. Mais en cas qu'il ne le puisse éviter, elle veut qu'il observe que le vaisseau anglais soit toujours supérieur en rang au vaisseau français qu'il détachera.

» Pour le salut des places maritimes d'Angleterre, Sa Majesté veut qu'il observe à cet égard ce qu'il verra ou saura certainement être pratiqué par le vaisseau anglais portant pavillon bleu.

» En cas de crimes commis sur les vaisseaux français, et entre Français, la justice sera faite par le dit sieur vice-amiral dans le conseil de guerre, en la manière accoutumée ; en cas que les crimes soient commis entre Français et Anglais, Sa Majesté désire que justice en soit faite par un nombre égal d'officiers des deux nations.

» Le dit sieur vice-amiral doit être informé que Sa Majesté a fait assembler au Hâvre et à Dunkerque diverses marchandises propres au radoub des vaisseaux, comme armes, cordages, câbles, voiles, bois de toute sorte, mâts, goudron, ensemble des poudres, boulets, munitions de guerre, avec ordre aux commissaires généraux Hubert, qui sert à Dunkerque, et Brodart, qui sert au Hâvre, d'en assister l'armée de Sa Majesté en cas de besoin.

» A l'égard des prises de vaisseaux ou de prisonniers de guerre, il en sera usé ainsi que l'ambassadeur de Sa Majesté à Londres en sera convenu avec le Roi d'Angleterre ou M. le duc d'York, dont le dit sieur ambassadeur donnera avis au dit sieur vice-amiral

» Sa Majesté envoie dès à présent ses ordres à son dit ambassadeur en Angleterre, pour traiter de tout ce qui concerne les saluts réciproques, justice, prises, et autres points convenus en la présente instruction, et en convenir avec le dit Roi ; et en cas qu'il y arrivât quelque changement, sa dite Majesté en fera donner avis au dit sieur vice-amiral.

» Lors de la séparation des flottes après la campagne, le dit sieur vice-amiral prendra son temps pour retourner à Brest et à Rochefort ; et comme le Roi d'Angleterre s'est obligé de ne faire rentrer sa flotte dans ses ports qu'après avoir donné le temps à celle de Sa Majesté de se retirer, le dit sieur vice-amiral tiendra la main à ce que cette condition s'exécute de bonne foi.

» Dans toute la suite de la campagne, et pendant tout le temps que la flotte de Sa Majesté sera jointe avec les Anglais, elle veut qu'il s'applique particulièrement à éviter toutes les querelles particulières, et qu'il fasse en sorte que tous les officiers de l'armée de Sa Majesté vivent en une bonne et parfaite intelligence avec les Anglais, en sorte qu'il ne puisse jamais y avoir aucun autre différent entre eux, que celui qui proviendra de l'émulation qu'il y aura de faire les plus belles actions ; et comme Sa Majesté s'assure qu'en une occasion aussi importante que celle-ci, pour la gloire de ses armes et la grandeur de son règne, le dit sieur comte d'Estrés donnera des marques signalées de sa valeur, de son expérience et de sa conduite, elle désire aussi qu'il se serve de tous les moyens qu'il pourra pratiquer pour exciter dans les esprits de tous les officiers de l'armée l'envie de donner les mêmes marques de leur courage, et une forte résolution de faire connaître aux Anglais qu'ils ne leur cèdent point, et même qu'ils les surpassent en valeur et fermeté, et en connaissance de tout ce qui concerne la guerre maritime.

» Sa Majesté veut que le dit sieur vice-amiral donne toute la protection qui pourra dépendre de lui à tous les Français qu'il rencontrera dans sa route.

» S'il arrivait que quelqu'un des capitaines de la flotte susdite quittât le pavillon sans y être forcé par un gros temps,

Sa Majesté permet au dit sieur vice-amiral de l'interdire, sans qu'il puisse être rétabli que par ordre exprès de Sa Majesté.

» Elle veut aussi, que pendant tout le temps qu'il sera en mer, il visite souvent les vaisseaux de son escadre, et remarque les capitaines qui tiendront leurs vaisseaux en bon état, et la propreté dans leur bord, n'y ayant rien si nécessaire pour conserver la santé, de quoi Sa Majesté désire qu'il lui donne avis.

» Et comme il n'y a rien de si important au service de Sa Majesté que de faire en sorte que les capitaines s'appliquent à l'étude de tout ce qui concerne les combats de mer, et à faire régulièrement observer la discipline dans leur bord, elle désire qu'il les excite continuellement à s'y appliquer, afin de se rendre d'autant plus capables d'entreprendre des actions d'éclat qui puissent leur acquérir de l'estime et donner de la réputation aux forces maritimes de Sa Majesté.

» Il tiendra la main à ce que chaque capitaine tienne un journal de navigation dans lequel il sera fait mention des îles, terre ferme, écueils, rades, mouillages, abris, ports et hâvres qu'ils auront occasion de reconnaître, pour, à leur retour, remettre le tout à mains du sieur Colbert de Terron.

» Le dit sieur vice-amiral s'appliquera aussi à faire soigneusement observer les règlements et ordonnances de marine, et particulièrement celle qui défend aux officiers de coucher hors de leur bord.

» Il empêchera toute sorte d'acastillage pendant qu'ils seront en mer, et qu'il soit rien changé aux logements et cloisons qui auront été faits avant leur départ.

» Il retranchera aux officiers le grand nombre de coffres, viandes fraîches, et autres choses inutiles, qui regardent plus la délicatesse et le faste que la nécessité, et lesquelles sont ordinairement superflues et embarrassantes dans une occasion de combat, et comme le soin de leur table peut les divertir de ceux qu'ils doivent avoir de s'appliquer uniquement à leur profession, il les portera, autant que possible, à prendre le parti de se contenter de la table du munitionnaire, en quoi ils trouveraient sans difficulté beaucoup d'avantages.

» Il fera souvent faire l'exercice du canon sur son bord, et excitera les capitaines des autres vaisseaux à suivre son exemple, afin de rendre les canonniers experts et diligents à la manœuvre du canon, et d'en multiplier le nombre; observant, pour cet effet, ce que les Anglais et les Hollandais ont accoutumé de pratiquer à cet égard.

» Il tiendra aussi la main à ce que le commissaire à la suite de la flotte, et les écrivains de chacun des vaisseaux, prennent garde à la conservation de leurs agrès, apparaux, rechanges, munitions, armes et ustensiles, et qu'il ne s'en fasse aucune consommation superflue

» Il observera et fera observer par les capitaines l'assiette des vaisseaux qu'ils commandent, leur vitesse ou leur lenteur à la voile, et les autres défauts qui peuvent être remarqués dans la navigation, dont il sera fait des rapports pour être remis à leur retour ès-mains des intendants et commissaires généraux des arsenaux où ils désarmeront, afin de corriger ces défauts, et les éviter dans la construction d'autres vaisseaux.

» Sa Majesté veut que le dit sieur vice-amiral l'informe, par toutes les occasions qui s'offriront, de ce qu'il aura fait en exécution de ses ordres.

Fait à Versailles, janvier 1672.

(Registre des ordres du roi, 1672. — Arch. de la Mar.)

Il était nécessaire de rapporter cette instruction, qui seule pouvait faire comprendre la conduite de l'amiral d'Estrées durant cette campagne.

M. le comte d'Estrées, parti de La Rochelle le 26 avril, opéra sa jonction avec le reste de l'armée le 1er mai dans la rade de Brest.

La flotte était mouillée en ordre de bataille dans l'ordre suivant :

M. Duquesne, commandant l'avant-garde, montait *le Terrible*, de soixante-dix canons.

L'amiral, qui s'était réservé le centre, montait *le Saint-Philippe*, de soixante-dix huit canons et de six cents hommes d'équipage. Il profita du premier vent favorable pour mettre à la voile et arriva en rade de Portsmouth le 13 du même mois à dix heures du matin. Trois jours après, les deux flottes se trouvèrent réunies dans les eaux de l'île de With, sous le commandement du duc d'York. Les flottes combinées se composaient de *l'escadre blanche*, ou avant-garde, commandée par le vice-amiral d'Estrées; *l'escadre bleue*, ou arrière-garde, commandée par le comte de Sandwich, formant un ensemble de quatre-vingt-trois vaisseaux.

De son côté, le brave Ruyter, qui commandait la flotte hollandaise, composée de quatre-vingt et une voile, se trouvait par le travers du North-Foreland, où il apprit d'un bateau charbonnier, la position de la flotte anglo-française à Southwold-Bay. Il mit aussitôt à la voile, dans l'espoir de la surprendre au mouillage. Ses espérances furent déjouées par la vigilance du capitaine de Cogolin, commandant la frégate *l'Eole*, qui croisait à sept ou huit milles en avant de Southwold-Bay. L'ayant découvert le 7 juin dès le lever du soleil, il fit une si grande diligence pour prévenir les deux amiraux que le comte d'Estrées le remercia en lui disant qu'il avait sauvé l'armée du roi. L'ordre d'appareiller fut aussitôt transmis à toute la flotte.

Le mouvement de l'appareillage terminé, on hissa le pavillon de combat, et *le Saint-Philippe* mit à la voile sous ses huniers. Les autres vaisseaux imitèrent sa manœuvre. A peine arrivaient-ils dans la passe de la baie que la flotte hollandaise leur apparut voguant sous toutes voiles sur une seule ligne, et se dirigeant droit sur eux.

Malgré l'ordre qu'il en avait reçu du duc d'York, de tenir le vent, le comte d'Estrées, à la grande surprise des officiers de l'escadre, *laissa, au contraire, arriver vers le sud*, et bientôt l'action commença au nord entre les flottes anglaises et hol-

landaises. Le combat dura touté la journée ; il .fut souten{
avec un égal acharnement de part et d'autres : Voici la rela
tion qu'en donna le vice-amiral d'Estrées.

*Relation au combat donné le 7 juin entre l'armée d'Angleterr{
et celle de Hollande.*

» 7 juin 1672.

» L'armée de Hollande, après s'être fortifiée de quelques vaisseaux équipés à Amsterdam , dont on ne sait pas le nombre,
parut, lo 7 du mois, à la pointe du jour , à la vue d'une frégate détachée des vaisseaux du Roi, qui était en garde à la
tête de l'armée. Cogolin, qui la commandait, vigilant et entendu capitaine, ne manqua pas de faire les signaux ; et sans l'a-
vis qu'il en donna, les ennemis auraient pu surprendre l'armée à l'ancre, les frégates anglaises n'ayant rien découvert du
bord qu'elles avaient couru.

» Je ne doute pas que cette espérance ne leur ait fait prendre la résolution de nous venir combattre , fortifiés encore de
la pensée que , lorsqu'une armée est près des côtes pour y
faire de l'eau, il manque toujours des chaloupes et beaucoup
de monde aux vaisseaux, et que l'ordre ne peut jamais être s{
grand que lorsque l'on est sous les voiles.

» Le vent qui les portait est celui qui traverse la côte de Solebay tellement qu'outre l'escadre rouge était mouillée fort
près de terre, ils jugeaient bien qu'il était difficile à l'armée
d'Angleterre de s'élever, et de courir d'assez longues bordées
pour disputer le vent.

» Pour l'escadre des vaisseaux de Sa Majesté, elle étai{
mouillée un peu plus au large, et, nonobstant la nécessité où
elle était de faire beaucoup plus d'eau que les Anglais, on usa
de cette précaution , la plupart des capitaines souhaitant le
contraire.

» Les ennemis s'étant donc avancés avec cet avantage, au
nombre de quatre-vingt-six vaisseaux de guerre et de trente
brûlots, et force galioles , commencèrent à arriver sur nous à
sept heures du matin , que l'on était déjà sous les voiles.

L'aile qui était opposée à l'escadre française tint le vent davantage, et courut un bord différent du reste de son armée, et dans le même temps, le major des vaisseaux que le vice-amiral avait envoyé pour recevoir les ordres de M. le duc d'York, lui rapporta qu'il eût à tenir le vent autant qu'il serait possible, et que pour lui il aurait beaucoup de peine à s'élever, tellement que, *jugeant qu'il ne pouvait tenir le vent avantageusement que du bord que l'escadre de Zélande courait, différent de celui de son armée, le vice-amiral prit le parti de la combattre, et la percer avec son escadre pour aller joindre M. le duc d'York et le dégager.* Ce mouvement attira sur eux quarante-trois vaisseaux de guerre ou environ, et cinq à six brûlots, dont il y avait quatre pavillons : un d'amiral, un de vice-amiral et deux de contre-amiraux.

Le combat commença de cette sorte, presque en même temps de tous les côtés. Le milord Sandwich fit ce qu'il put pour percer l'escadre opposée, n'ayant plus de mer à courir, et ne pouvant s'étendre à cause des bancs, ni prendre un autre parti. Dans ce dessein, un vaisseau de guerre de l'ennemi, de soixante pièces, l'ayant approché pour l'arrêter, il l'aborda et le prit, mais il fut ensuite repris par les Hollandais. On lui détacha ensuite deux brûlots, dont il se dégagea, quoiqu'il eût plus de trois cents hommes morts ou hors de combat ; mais enfin un vice-amiral hollandais lui en ayant mené un autre, il ne put s'en sauver, et l'on croit qu'il a péri dans le feu, le capitaine qui servait sous lui ayant eu moyen de s'échapper avec une partie de l'équipage.

Pour M. le duc d'York, pressé par les mêmes raisons qu'avait eues le milord Sandwich de changer de bord, il se résolut de revirer dans la ligne de l'ennemi ; ce qu'il fit aussitôt qu'il eût monté sur le vaisseau de M. Holmes, ayant été obligé de quitter le sien, qui dès le commencement du combat avait été incommodé et perdu le capitaine Cox, qui fut tué à ses côtés. Il perça cette ligne avec beaucoup de fortune, et gagna le vent des ennemis, suivi de peu de vaisseaux. La confusion et le combat furent grands en cet endroit et dans cette mêlée. Les

Hollandais abordèrent *la Catherine*, commandée par le chevalier de Chichely, et l'emportèrent, mais il fut repris aussitôt par les Anglais, comme le vaisseau de M. Digby, qui fut aussi abordé.

» Quoique M. le duc d'York écrive à Sa Majesté, il m'a toutefois ordonné de faire cette relation sur les choses qu'il m'a dites....

» Il ne peut pas mieux faire ni témoigner plus de sens et de courage qu'il a fait en cette occasion. Il a monté trois vaisseaux différents, ayant été obligé de passer de celui du chevalier Holmes sur celui de Spragge, vice-amiral de l'escadre rouge. Il m'a dit aussi qu'on ne saurait croire combien le vaisseau de milord Sandwich a bien fait son devoir, et à quel point a été la constance et la fermeté des équipages.

» L'armée d'Angleterre a perdu quatre capitaines, savoir : Cox. M. Digby, Hollis, et un autre dont j'ai oublié le nom ; mais on peut bien dire qu'elle a eu l'avantage dans ce combat, puisque les ennemis ne se sont pas servis de celui qu'ils avaient sur nous, qu'ils se sont retirés les premiers, et que les Anglais leur ont pris deux grands vaisseaux.

Chichely a été mené prisonnier en Hollande. Il y a plusieurs autres particularités qu'il était impossible de savoir, lorsque j'ai vu M. le duc d'Yorck, que l'on mandera à la première occasion.

» Pour les Français, dans le même temps que les ennemis commencèrent le combat du côté de l'escadre rouge et bleue, les Zélandais, qui leur étaient opposés, commencèrent aussi à les canonner ; mais, soit qu'ils n'eussent pas résolu de les enfoncer, ou qu'ils eussent l'ordre d'en user ainsi, ils tinrent le vent le plus qu'il leur fut possible, à une distance raisonnable, pour canonner. Il y eut un grand feu pendant tout le jour, que douze ou quinze vaisseaux de Sa Majesté soutinrent avec beaucoup de vigueur et d'ordre ; mais il ne fut pas possible d'exécuter le dessein qu'on avait pris de percer cette escadre et de lui gagner le vent ; car, outre que l'ennemi n'en donnait pas le moyen, les vaisseaux de l'avant-garde ne tenaient pas

assez le vent pour réussir, quoique le vice-amiral le tînt le
plus qu'il fût possible, et qu'on le vît tout le jour entre ses
vaisseaux et la ligne de l'ennemi.

» L'amiral zélandais tenta deux fois d'arriver sur le vice-
amiral avec trois brûlots et trois ou quatre des plus grands
vaisseaux de son escadre; mais, soit qu'il ne voulût faire
qu'une tentative, ou bien qu'il crût qu'on n'en était pas étonné,
la dernière fois il changea de bord, et se retira vers son amiral. On fit de notre part ce qu'il fut possible pour regagner au
vent et rejoindre M. le duc d'Yorck, ce que l'on ne put faire
qu'hier au matin, que tout le monde se rallia à lui; vingt vaisseaux anglais s'étaient joints à nous pour le rejoindre.

» On ne sait pas bien encore l'état auquel sont tous les vaisseaux. Ceux qui ont combattu plus que les autres sont tous
assez incommodés. Le brûlot *l'Émérillon*, de l'escadre du sieur
de Rabesnière, se tenant témérairement entre la ligne des
ennemis et la nôtre, a été coulé bas; mais tout l'équipage s'est
sauvé.

» *Le Superbe*, qui ne pouvait plus tenir sur l'eau à cause des
coups de canon qu'il avait reçus, s'est retiré dans la Tamise ce
matin. Je ne doute pas aussi qu'il n'ait perdu beaucoup de
monde. Le capitaine est blessé à la jambe d'un coup de canon;
mais on ne tient pas sa blessure mortelle. Desardens a eu la
jambe emportée d'un coup de canon. Du Magnou est aussi
blessé d'un éclat à la jambe. Pour *le Saint-Philippe*, quoiqu'il
y ait eu quarante-deux hommes morts ou blessés mortelle-
ment, et vingt-cinq de blessures légères, le sort n'est point
tombé sur les officiers, et il n'y a eu personne, de quelque
considération, que le chevalier de Bezy, qui a été autrefois
garde de la marine : il a reçu plusieurs coups à l'eau, et vingt
dans ses mâts qui les ont un peu incommodés.

» Hier, 8 du mois, après que M. le duc d'Yorck eût rassem-
blé ses vaisseaux et vu les ennemis sous le vent, on arriva sur
eux pour conserver la réputation et l'honneur du combat,
ayant plié et s'étant retirés les premiers, quoique les avantages soient fort partagés. Ils me parurent moins forts de vingt

vaisseaux ; il y en a eu de démâtés par les Anglais et deux par les nôtres.

» Quelques coups de canon du *Saint-Philippe* coulèrent bas une galiote, dont il ne se sauva personne; un brûlot de l'ennemi brûla de lui-même devant nous avec les hommes, et il est impossible que les ennemis ne soient furieusement incommodés, puisqu'ils ont pris le parti de se retirer si vite. On les poussa hier jusqu'à nous trouver engagés dans les bancs d'Ostende. On n'en vint pas aux coups de canon, parce qu'ils plièrent et mirent des voiles, qu'il survint une brume, et que les vaisseaux de notre avant-garde tinrent le vent plus qu'il ne fallait.

» Sa Majesté aura la bonté d'excuser, si cette relation est confuse, et si toutes les choses ne sont pas dans leur ordre, étant extrêmement pressé de lui envoyer la nouvelle de ce combat.

» Quoique l'on ne puisse rien reprocher au gros de l'escadre de Sa Majesté, cependant on peut l'assurer que si tous les vaisseaux s'étaient tenus dans leur rang et avaient observé exactement la manœuvre du vice-amiral, on aurait pu faire une action très-glorieuse et digne de ses armes; il est certain que les ennemis ne nous en ont pas toutefois donné le moyen. Comme il n'y a plus de remèdes sur le choix du capitaine de cette escadre, j'attendrai à rendre compte à Sa Majesté de ceux qui auront bien ou mal fait lorsque j'aurai l'honneur de la voir ; cependant elle le pourra juger par la revue des morts et blessés que l'on enverra à la première occasion.

» J'ai beaucoup de sujet de me louer des capitaines embarqués sur *le Saint-Philippe*, et particulièrement du sieur de Gabaret, en qui je ne connaissais pas les talents et les bonnes qualités qu'il a fait paraître. Le capitaine Heemskerk, que j'ai fait passer sur mon bord, sur le point de l'occasion, est un homme très-utile dans cette guerre, et qui a très-bien servi dans cette action. S'il plaisait à Sa Majesté de reconnaître, par quelque petite gratification, le zèle et les services que ces trois capitaines ont rendus, cela ne pourrait être que très-avantageux à son service. Le sieur de Cou a été blessé d'un éclat dans le côté, dont il est encore un peu incommodé.

» Le comte d'ESTRÉES. »

» Le 9 juin 1672, entre Arwich et Ostende.

(Archives de la marine, à Versailles.)

Les Anglais furent très-irrités de la conduite de l'escadre française; ils la considérèrent comme un déni de secours, prétendant que le but de la France n'avait été que de regarder le combat, pour conserver ses vaisseaux, en laissant les deux nations de l'Europe les plus puissantes sur mer consumer leurs forces et s'entre-détruire, afin de pouvoir, dans la suite, venir à bout de ses desseins.

Ce combat fit naître également des aigreurs parmi les capitaines français, les uns ayant pris parti pour le comte d'Estrées, et les autres pour Duquesne. Il fallut l'intervention de M. de Colbert de Croissy, ambassadeur de France en Angleterre, pour faire cesser cette mésintelligence qui aurait pu avoir des suites fatales.

Les gens qui ont jugé la manœuvre du comte d'Estrées avec un sentiment d'impartialité, l'ont attribuée à des ordres secrets du roi.

— Il était de bonne politique de laisser deux puissances rivales s'entre-détruire au profit de la France, qui, plus tard, pouvait avoir pour ennemie l'une ou l'autre de ces puissances.

Le 7 juin 1673, un an, jour pour jour, après le combat de Southwold-Bay, l'escadre française eut l'occasion de se laver des reproches dont on avait accablé M. d'Estrées l'année précédente; amiral et officiers anglais lui donnèrent des éloges unanimes.

La flotte combinée se trouvait cette fois sous les ordres du prince Rupert, qui commandait *l'escadre rouge*, ou aile droite; *l'escadre blanche*, ou corps de bataille, était commandée par le comte d'Estrées, et *l'escadre bleue*, ou aile gauche, par le chevalier E. Spragge. Cette nouvelle disposition fut, sans nul doute, la conséquence des réclamations du parlement anglais.

La flotte hollandaise était commandée par l'immortel Ruyter, qui se trouvait secondé par le brave Tromp. L'action s'engagea à la hauteur de Schwelt sur le coup de midi, et ne cessa qu'à la nuit. Cette fois encore on laissera le vice-amiral raconter les détails de ce combat mémorable.

Relation de M. le vice-amiral, du combat qui
se livra le 7 juin 1673.

« Le temps avait été si mauvais depuis le 2, que l'armée avait mouillé à l'entrée des bancs de Flandre; mais, le 7, toutes choses ayant été disposées après le conseil que l'on tint le 6, pour résoudre la manière de faire, j'ai ordonné, dès le soir, le détachement des vaisseaux qui devaient s'avancer à la tête de l'armée, suivant le projet dont j'ai rendu compte déjà. On mit à la voile à dix heures du matin avec un vent favorable, et la marée, dont on avait choisi le temps exprès, et tous les vaisseaux, tant les détachés que les autres, s'avancèrent pour combattre les ennemis, les premiers à la tête, ce qui apporta ensuite un peu de désordre et de confusion; car, comme ils étaient déjà plus avancés, ils engagèrent le combat plus tôt que ceux qui les suivaient, et ne se remirent pas après dans l'ordre qu'ils y devaient tenir.

» Il est vrai qu'ayant été envoyés dans cette pensée que *les ennemis ne voudraient pas s'opiniâtrer au combat, et que n'étant pas dans un si grand nombre qu'on les a trouvés ci-joint, ils prendraient le parti de se retirer*, les vaisseaux détachés, particulièrement les Français, crurent qu'ils devaient toujours donner devant les autres, et quoique ce fût par un motif de hardiesse et de courage, cela ne laissa pas toutefois de penser causer un grand embarras dans la suite.

» Quelques-uns se trouvèrent à la tête de l'escadre rouge et s'y signalèrent, particulièrement M. de Tivas, capitaine du vaisseau *le Conquérant*, qui, s'étant approché d'abord de l'amiral Tromp, qui tenait le poste de l'avant-garde avec douze ou quinze vaisseaux, se fit remarquer par M. le prince Rupert qui a témoigné du regret de sa mort; car il fut quelques temps après tué d'une volée de canon dans le combat, et son vaisseau, en assez méchant état, s'est retiré depuis dans la Tamise pour se raccommoder, sans que j'en aie pu apprendre des nouvelles. Le sieur d'Estivalle se trouva au même endroit, et les Anglais le remarquèrent, ainsi que deux autres moindres vaisseaux, *l'Aquilon* et *l'Oriflamme*; mais il revint prendre son poste auprès du pavillon aussitôt qu'il put le faire.

» M. le prince Rupert avait engagé le combat avec l'escadre rouge, et commencé à faire plier l'ennemi, lorsqu'au corps de bataille, et particulièrement une partie des vaisseaux de la division du vice-amiral, et ceux qui restaient avec M. le marquis de Grancey, pressèrent si vivement les vaisseaux qui leur étaient opposés, qu'ils commencèrent à quitter leur ligne, et l'amiral de Zélande se trouvant lui-même incommodé par M. le marquis de Grancey, eut été emporté et poussé par les autres, si dans ce temps-là l'amiral Ruyter, voyant bien qu'il ne pouvait rétablir ce désordre sans le secourir, ou soit encore qu'il fût lui-même trop près des bancs, n'eût pris le parti de changer le bord, et de percer et de couper la ligne de notre armée entre le contre-amiral et le vice-amiral de vaisseaux de Sa Majesté. Près de vingt-cinq vaisseaux changèrent le bord avec lui; et comme on jugea bien de son dessein, et combien il était nécessaire de s'y opposer en le tenant sous le vent, on résolut de l'attendre, en sorte qu'il fut obligé de plier ou de s'aborder plutôt que de se laisser gagner au vent.

» En approchant du pavillon de Sa Majesté, il jugea de la nécessité d'arriver sous lui, et passa entre lui et le vaisseau de M. de Preully, à la portée du pistolet, avec neuf vaisseaux ou brûlots qui le suivirent.

» *Le Tonnant* étant seul, pour lors, le plus près du vice-amiral, mais le *Foudroyant*, un peu plus sous le vent de lui à l'arrière, se voyant dans la nécessité de plier ou d'aborder l'amiral Ruyter, ou le premier vaisseau qui avait passé à sa tête, accrocha celui-ci, et ayant jeté du monde dessus, s'en

rendit le maître. Chaboissière et le chevalier de Léry, lieutenant, y étant sauté, mais n'ayant point été suivis de tout leur
équipage, y demeurèrent longtemps, ayant fait plier les Hollandais au fond de cale, pris et enlevé des prisonniers, et obligé,
une partie, à se retirer dans les chaloupes à vers terre, dont on
n'était alors éloigné que de deux lieues.

» Ces deux lieutenants firent parfaitement leur devoir : le
premier fut blessé dangereusement d'un coup de pistolet, et
l'autre ayant été colleté par le lieutenant du vaisseau hollandais, le tua d'un coup d'épée, et eût été en danger, sans un
volontaire appelé Durivaux, qui tua le capitaine. Ils ont rapporté les épées de ces deux officiers. Pendant ce temps-là,
Ruyter, qui avait été obligé d'arriver, s'étant mêlé avec tous
les vaisseaux de l'escadre française qui étaient sous le vent,
et une partie de l'escadre bleue, se trouva de la sorte séparé
de son avant-garde, et entièrement de Tromp, qui conservait
le vent sur une partie de la division du vice-amiral

» Le sieur Gabaret, capitaine du *Foudroyant*, n'eut pas le
temps d'enfoncer le vaisseau ; on ne voulut pas s'en charger,
soit à cause du monde qu'il aurait perdu, soit que c'eût été in-
failliblement commettre à se faire prendre, étant sous le vent
de cette escadre dans le même temps que l'amiral Ruyter se
trouvait mêlé avec les vaisseaux que l'on a dit ci-dessus. M. le
prince Rupert, qui était toujours au vent de cette escadre, arriva sur eux, et l'on ne doutait point qu'étant entièrement
séparée, elle n'eût couru fortune, si Ruyter n'eût pris le parti
de courir de ce côté-là pour s'en approcher ; ce qu'il fit jusqu'à
dix heures du soir que finit le combat.

» Il est aisé de considérer qu'ayant à combattre dans les
bancs avec de grands vaisseaux qui tirent beaucoup d'eau, et
où l'on ne peut s'étendre sans trouver la terre, on ne peut se
servir de l'avantage qu'on a sur l'ennemi qu'on fait plier, par
la raison que l'on a d'appréhender de s'échouer.

» Je ne doute pas aussi bien que, bien que les Hollandais
aient beaucoup souffert, et qu'on ait vu brûler de leurs vaisseaux et d'autres se retirer en fort méchant état, *que sans la*

peu d'ordre que gardèrent les capitaines de nos brûlots, dont ceux qui étaient détachés se précipitèrent eux-mêmes avec trop de témérité, sans attendre les vaisseaux pour les conduire, ils eussent encore plus fait de mal à l'ennemi, s'ils avaient conservé, dans la mêlée de l'escadre de Rotterdam avec nos vaisseaux, cette chaleur qu'ils employèrent si mal à propos.

» On rendra compte à la fin, de la manière *dont ils sont tous péris, à la réserve* du jeune Chaboisseau, qui vient d'arriver a ce que j'ai su, *avec son brûlot.*

» Il n'est pas possible de témoigner ici combien Sa Majesté a sujet d'être satisfaite de tous les capitaines qui ont l'honneur de la servir.

» M. le marquis de Grancey, et toute la division, ont pressé extrêmement les ennemis, et s'il y avait quelque chose à trouver à redire dans cette action, *c'est un peu trop de chaleur qui le porta d'arriver sur l'ennemi* avec une partie de la division du vice-amiral.

» Tous, hormis le marquis de Preully et le sieur Gabaret, dont on a déjà parlé, se trouvèrent mêlés avec l'escadre de Rotterdam, et y firent des merveilles.

» Les capitaines détachés qui combattirent à la tête de l'escadre rouge étaient les sieur Thivas, d'Estivalle, le chevalier de Bethune, et Louis Gabaret, et la division de M. Desardens lui-même, et le chevalier de Tourville, qui était à la tête, firent tout ce que l'on pouvait attendre d'eux, et empêchèrent particulièrement un vice-amiral, avec d'autres vaisseaux, de gagner le vent au pavillon de Sa Majesté.

» La chaleur même que la plupart des capitaines ont témoignée, d'abord en pressant les ennemis, n'a pas été accompagnée de trouble ni de confusion ; mais au plus fort de la mêlée, ils ont parfaitement bien tenu leur ordre et fait leur manœuvre, et, *je ne regrette rien que l'imprudence et la témérité des capitaines de brûlots.*

» M. le prince Rupert m'a témoigné ce matin beaucoup de satisfaction du service que nos vaisseaux ont rendu, et a ajouté **que les Hollandais n'avaient jamais combattu avec tant de har-**

diesse et de ruse qu'en cette dernière occasion. Et si l'on considère que le vaisseau qui porte le pavillon de Sa Majesté tire vingt-deux pieds et demi d'eau, et tous les grands vaisseaux anglais presque autant, on jugera sans doute que c'est une entreprise très-hardie, et que personne jusqu'ici n'avait osé tenter avec une grande armée.

» On a appris des prisonniers faits par le sieur Gabaret, que tous les vaisseaux qui composent l'armée des Etats sont au nombre de cent-sept voiles, dont il y avait soixante grands vaisseaux.

» Les Anglais ont perdu, à ce que j'ai appris, cinq capitaines, et M. d'Hamilton, qui commande un régiment, a eu la jambe emportée dans le vaisseau de M. le prince Rupert.

» Dans l'escadre des vaisseaux du Roi, on n'a perdu que le sieur de Tivas, capitaine, et un enseigne du *Sans-Pareil*, appelé Potier.

» Je ne sais point encore si dans *le Conquérant* et dans *le Bon* il n'y aurait point quelque officier de blessé: car ces deux vaisseaux ont été très maltraités.

» Le chevalier de Flacourt, capitaine, est blessé d'un éclat qui lui fend le menton, et lui casse une dent ou deux.

» Sur *l'Apollon*, un enseigne, appelé Sicart, a les deux mâchoires emportées.

» Sur le *Foudroyant*, Chaboissière, lieutenant, est extrêmement blessé d'un coup de pistolet à travers le corps ; sur le même vaisseau, un volontaire par lettre de cachet, nommé Durivaux, dont on a déjà parlé, est aussi blessé.

» Sur *l'Orgueilleux*, à ce qu'à dit M. de Grancey, le marquis de Bonivet, volontaire, blessé.

» Sur le vice-amiral, un garde de la marine, appelé de Sèche, blessé d'un éclat.

» Sur le *Tonnant*, le chevalier de Roncerolles a eu le bras droit emporté d'un coup de canon.

» Des capitaines de brûlot détachés, Vidaut fut tué au commencement du combat.

» Chaboisseau l'aîné fut coulé à fond, et revint au vice-amiral.

» Rocachon, tué d'un coup de mousquet, et son maître d'équipage, à ce que l'on a dit, n'a pas laissé de brûler un vaisseau hollandais.

» Saint-Michel : son vaisseau fut démâté, et, voulant aborder, fut blessé d'un coup de mousquet au travers du corps, duquel il y a peu à espérer.

» Desgrois : on sut seulement qu'il était démâté parmi les ennemis.

» Ozée Thomas, de même.

» Le vieux et le jeune Serpant, brûlots du vice-amiral : le vieux aborda un vice-amiral de Hollande par son beaupré, dans le temps que Ruyter se mêla avec les vaisseaux français; quant au jeune, qui était éloigné du pavillon, on n'en a appris aucune nouvelle, si ce n'est qu'il a brûlé.

» On ne sait pas encore le nombre des morts et des blessés des équipages de chaque bord.

» Parmi les prisonniers que les gens de M. Gabaret ont faits dans le vaisseau *le Deventer*, commandé par le capitaine Kirlenburg, il s'est trouvé deux Français et un Anglais. On a fait remettre celui-ci entre les mains de M. le prince Ruper, qui a dit qu'on en ferait une prompte justice; je fais garder les Français fort soigneusement pour les mettre dans le conseil de guerre après que Sa Majesté l'aura ordonné.

Comme il faudrait étendre ce mémoire, si l'on voulait rapporter ici toutes les aventures particulières de chaque vaisseau, le sieur de Saint-Amand ne manquera pas de rendre compte à Sa Majesté de ce que j'ai appris; mais on ne peut lui rien mander de tous qui ne la doive satisfaire.

» LE COMTE D'ESTRÉES. »

» On ne peut s'empêcher de dire ici que les sieurs comtes de Limoges et de Levaré, Desmaret de Vouzy, et les sieurs de la Porte et de Saint-Amand, volontaires, embarqués sur le vieil amiral, se sont parfaitement bien acquittés de leur devoir. »

(*Archives de la marine, à Versailles.*)

Le prince Rupert lui-même, dans la relation qu'il fit de ce combat, rendit justice à l'intrépidité des Français. Mais autant il s'était plu à combler d'éloges le vice-amiral d'Estrées, à la suite de cette affaire, autant il se plaignit amèrement de sa conduite dans celle qui eut lieu le 21 août, où le comte d'Estrées, par l'exigence de Louis XIV, fut placé à l'avant-garde et où il renouvela la manœuvre du 7 juin de l'année précédente. Après ce combat, l'indignation générale contre l'escadre française fut portée à son comble.

Il est évident, d'après les faits qui se sont passés dans ses trois combats, que les intentions formelles de Louis XIV étaient de laisser, autant que possible, les ennemis ou alliés s'entre-détruire, afin de profiter de leur ruine, à l'occasion ; mais combien cette façon d'agir peu honorable dût être un cruel supplice pour tous ces braves capitaines de vaisseaux ou chefs d'escadre, tel que Duquesne, Valbelle, Grancey, Martel, Tourville, Desardens, Gabaret, et sans doute aussi pour le comte d'Estrées, lui-même ; car la politique déloyale du roi leur imposait de jouer, aux yeux des Anglais et de toute l'Europe, un rôle de lâcheté qu'ils devaient bravement démentir plus tard à Messine, à Tabago, à La Hogue et à Rio Janeiro.

La lettre suivante de M. le marquis de Martel, relative au combat du 21 août, quoiqu'une grave accusation contre le comte d'Estrées, mérite d'être rapportée pour rétablir les faits dans leur jour véritable et pour que la conduite de l'escadre française retombe sur le véritable auteur.

Copie d'une lettre de M. le marquis de Martel, à monseigneur l'Ambassadeur.

Du 6 septembre 1673.

« Je ne doute pas que monsieur le Major ne vous ait informé du combat que nous avons fait le 21 août ; mais je suis persuadé que les Anglais ne demeurent pas d'accord de sa relation : quoique je pourrais être en suspect pour n'être pas en bonne intelligence avec M. d'Estrées , je prends , monsieur, la liberté de vous dire à peu près les choses qui se sont passées, et toute l'armée en demeurera d'accord.

» Le 21 août, à la pointe du jour, l'armée des Hollandais parut au vent de nous, à deux lieues de distance, et le prince Rupert se mit en bataille sur une ligne ; il composait le corps de bataille, M. Spragge, l'arrière-garde, M. d'Estrées, l'avant-garde ; l'on m'avait fait l'honneur de me donner, avec ma division de dix navires, et trois brûlots, la tête de l'avant-garde. Comme nous marchions tous sur une ligne au plus près du vent, j'étais donc le premier de la ligne ; les ennemis nous ayant considérés et vus en cet ordre, prirent leurs résolutions de la manière qu'ils devaient nous attaquer, qui fut de détacher le vice-amiral de Zélande avec des navires de guerre et deux brûlots pour m'attaquer, ce qu'il fit avec toute force de voiles ; MM. Ruyter et Tromp arrivèrent sur le gros de l'armée. M. le prince Rupert et Spragge les reçurent avec beaucoup de résolution et d'honneur ; M. d'Estrées, au lieu de prendre le parti de faire tête au gros de cette armée, et de combattre un des pavillons, fuit toujours au plus près du vent, et, par ce moyen, évita le combat, et laissa M. le prince Rupert et M. Spragge soutenir toute l'armée des ennemis, à la réserve de l'escadre de Zélande, qui était aux mains avec moi, si bien que M. d'Estrées se trouva dans un intervalle entre M. le Prince Rupert et moi, où il n'y avait pas un seul vaisseau ennemi ; il y demeura deux heures , tantôt le vent sur les voiles ; après il faisait porter , mais s'éloignant toujours de M. le prince de Rupert et de Spragge, qui faisaient un feu

terrible les uns contre les autres ; cela dura depuis huit heures du matin jusque sur les onze heures, sans que M. d'Estrées
eût tiré un coup de canon ; je fus assez heureux, après un
long combat, quoique peu assisté des vaisseaux de ma division, de battre les Zélandais, en leur gagnant le vent, leur
ayant mis le feu à un de leurs brûlots, et d'un coup de canon,
en avoir dégréé un de leurs plus forts ; de faire plier le vice-
amiral vent arrière, lequel ne put éviter, avec trois de son escadre, de passer au milieu de la division de M. d'Estrées , ce
qui lui donna lieu de tirer quelques coups de canon , et d'en
recevoir, en passant, quelques-uns ; sans cela, il n'aurait pas
tiré, en toute la journée, un seul coup ; et ce qu'il a tiré est
comme rien et fort honteux pour lui, de n'avoir pas fait périr
des vaisseaux maltraités, et qui lui passèrent au travers de
toute sa division. Sur le midi m'étant raccommodé et mis en
état de pouvoir tenir voile, j'arrivai sur l'armée des Anglais
et des Hollandais, qui se battaient furieusement. M. d'Estrées,
me voyant dans le dessein d'aller au secours des Anglais , fit
même route ; et comme nous étions fort loin, nous ne pûmes
y arriver que sur les cinq heures du soir.

» Voici donc la grande faute que M. d'Estrées a encore faite,
car il pouvait réparer celle du matin ; ceci est l'Evangile. Les
Hollandais, nous voyant arriver vent arrière sur eux, se retirè-
rent du combat, et firent un corps de quarante vaisseaux,
croyant que M. d'Estrées fondrait sur eux : lui n'avait point
combattu, et eux, qui étaient tous délabrés et maltraités du
long combat, firent vent arrière afin de se battre en retraite ,
et de gagner la nuit, qui était proche. Comme j'avais approché
plus près les ennemis que M. d'Estrées , je leur tirai quelques
coups de canon, et partie de ma division leur en tirèrent, ne
faisant qu'attendre M. d'Estrées pour donner dessus tous ensemble, ou ses ordres ou signaux de donner ; car il nous avait
lié les mains de ne faire aucune attaque sans son ordre , à
peine de désobéissance, comme l'on peut voir par son écrit envoyé par monsieur le Major. M. le prince Rupert, qui était
proche et en état de donner, voyant que le temps se perdait ,

et que M. d'Estrées, au lieu d'arriver pour attaquer les ennemis, tenait le vent, M. le prince Rupert mit un pavillon bleu, marqué dans les signaux généraux pour arriver et attaquer les ennemis. M. d'Estrées continua de tenir le vent sans tenir nul compte d'attaquer les ennemis ; sur le soleil couché, il envoya le Major à M. le prince Rupert, et passa proche de moi, me demandant en quel état j'étais du combat que j'avais fait. Nous nous sommes séparés cette nuit-là ennemis. Voilà la vérité. M. d'Estrées a déshonoré la nation, ayant fait tout autant mal qu'il pouvait. Les Anglais pestent avec grande raison contre lui. Il cherche tous les moyens de s'excuser ; il a fait des relations qui se trouveront si fausses que cela lui fera tort ; il a pris tous les devants, envoyant son secrétaire à l'insu de tout le monde. J'ai écrit au roi et à M. Colbert la vérité de tout. Il est vrai que les Anglais ont fait tout ce qui se peut faire, et on a juste sujet de n'être pas content de M. d'Estrées. Tout roule sur lui ; car les capitaines auraient fait leur devoir s'il les y avait menés, je le veux croire. Si l'on veut faire réflexion sur tous les combats que l'on a rendus, M. d'Estrées n'a jamais fait aucune action de vigueur dans cette campagne ; et s'il l'avait voulu au premier combat, il aurait abordé Ruyter et l'aurait pris, étant très-maltraité ; ç'a été lui qui a fait perdre tous ces pauvres capitaines de brûlots, leur ayant fait le signal trop tôt. L'an passé, ce qu'il a fait à Duquesne crie vengeance devant Dieu ; enfin il a si bien pris ses partis qu'il n'a jamais voulu s'engager à faire aucune attaque. L'on peut dire avec vérité que c'est un pauvre homme, fort décrié parmi les Anglais ; je ne crois pas qu'ils veuillent aller à la guerre avec lui, n'y ayant nulle créance.

» Je suis avec le respect que je vous ai voué, monsieur, votre très-humble et très-obéissant serviteur

» P. Martel. »

Le 6 septembre 1673.

(*Archives de la marine à Versailles.*)

On pourrait rapporter plusieurs autres relations toutes aussi écrasantes pour le comte d'Estrées qui justifient le mécontentement des Anglais. Il n'y eut pas un officier qui ne fît retomber sur le vice-amiral la honteuse manœuvre de l'escadre française dans le combat du 21 août 1673, comme dans celui du 7 juin 1672. Si, comme on l'a fait remarquer déjà, les instructions et les ordres secrets du roi n'eussent fait retomber sur lui ce déni d'assistance, il est évident que le comte d'Estrées n'eût pu se laver d'une si grande lâcheté.

Cette action navale, qui fut la dernière de l'année 1673, amena la paix séparée de l'Angleterre avec la Hollande. Louis XIV mit tout en œuvre pour empêcher Charles II de céder aux exigences de son Parlement; mais toute sa politique habile échoua devant l'indignation de la nation anglaise : le traité fut signé à Westminster, le 9 février 1674, et Charles II resta neutre à l'égard de la France.

Le comte d'Estrées resta sans emploi jusque vers le milieu de l'année 1676. Ayant proposé au roi d'entreprendre la ruine des colonies hollandaises dans les îles du cap Vert et sur la côte orientale et méridionale de l'Amérique du sud, son projet fut très-goûté; on lui fournit pour cette expédition quatre vaisseaux de cinquante canons et quatre frégates de trente, et quatre cents hommes de troupes de débarquement.

Les Hollandais, de leur côté, avaient envoyé dans ces parages, sous les ordres de l'amiral Binckes, une escadre qui s'était emparée de Cayenne et de l'île de Tabago dans les Antilles. Cette dernière, dans sa position géographique, était un des points les plus importants pour les Hollandais.

Colbert, informé de ces nouvelles, hâta plus que jamais le départ du comte d'Estrées, qui mit à la voile le 6 octobre, le cap sur Cayenne, qu'il devait, par ordre du roi, reprendre à tout prix.

Après s'être ravitaillé aux îles du cap Vert, il reprit sa route, et, le 17 décembre, il laissait tomber l'ancre dans l'anse Miret, point distant de sept lieues environ du fort de Cayenne. Cette affaire fut brillante et hardie; le comte y déploya une

Batailles navale.   8

grande intrépidité, et fut bravement secondé par ses officiers.
Le chevalier de Lézi, l'ancien gouverneur de Cayenne, qui
avait été obligé de livrer la place aux Hollandais, ayant obtenu
du roi de faire partie de l'expédition, comme volontaire, effaça
également par des traits de bravoure son premier échec.

L'amiral Binckes, avant de quitter la place pour la mettre
en état de résister à toute attaque tant par mer que par terre,
l'avait fait entourer de puissantes palissades, sur lesquelles on
avait élevé des cavaliers défendus par vingt-six ou vingt-sept
pièces de canons chacun, qui faisaient un feu croisé, et y
avaient laissé trois cents hommes de troupes réglées.

Voici le compte-rendu que le comte d'Estrées fit de ce siége,
qui couvrit les armées françaises d'une nouvelle gloire.

. . . .
. . . .

— Toute la difficulté de l'attaque consistait, outre les travaux bien palissadés, à rendre inutile cette grande quantité de
canons que les Hollandais y avaient placés, et l'on n'imagine-
rait point de meilleur moyen que de les attaquer la nuit; mais,
comme la lune était justement dans son plein, on crut qu'il
fallut attendre jusqu'au 21 décembre, qu'il y eût assez de nuit
depuis le soleil couché jusqu'au lever de la lune, pour donner
le temps à chacun de se porter au lieu de son attaque sans être
découvert, parce qu'il fallait défiler les bois à deux cents pas
des travaux, chacun par différents chemins. Le plan qu'on
joint à cette relation servira à faire voir les attaques. Ainsi il
suffira de dire qu'elles commencèrent à l'heure qui avait été
concertée, avec tant de vigueur de tous les côtés, que les travaux furent partout emportés en moins d'une demi-heure.

— Les ennemis s'étaient flattés que, parce qu'on avait différé
de les attaquer, on n'avait pas résolu de le faire, mais seulement de piller l'île et de se rembarquer. Ce qui les confirma
dans cette pensée, ou du moins qu'ils ne seraient pas attaqués
ce jour-là, c'est qu'ils entendirent battre la retraite à l'ordi-
naire dans le camp, lorsque les troupes étaient déjà dans les
bois et assez près des retranchements.

— Nonobstant toutes ces précautions et la surprise des ennemis, on n'a pas laissé d'y perdre du monde et d'y avoir assez
eu de gens de blessés, même de coups de piques et d'espon-
tons ; mais on ne saurait assez louer la vigueur des officiers,
dont il serait difficile de dire en paroles les actions. Cependant,
si l'on considère que des troupes levées seulement quinze jours
devant l'armement, avec quelques matelots peu aguerris, ont
agi dans cette rencontre comme auraient pu faire les meilleurs
régiments des armées de Sa Majesté, ou l'attribuera sans doute
à la valeur et à l'exemple des officiers.

— M. le vice-amiral a été témoin de la conduite et de la vigueur de M. le comte de Blenac à exécuter les ordres qu'il avait
donnés, et il est certain qu'il ne s'y peut rien ajouter.

— Le sieur Panetier ayant été blessé dès le commencement
de l'attaque d'une blessure très-grande, n'a cessé d'encourager
ses soldats à bien faire, quoiqu'il ne fût plus en état d'agir.

— Le sieur de Grand-Fontaine étant incommodé d'un pied,
en sorte qu'il ne pouvait marcher, se fit porter en chaise, et
son premier porteur ayant été tué d'un coup de mousquet, n'a
pas cessé d'achever son attaque avec le même ordre et la
même vigueur que s'il eût eu d'aussi bonnes jambes que les
autres.

— Le sieur chevalier de Machault, commandé avec trois chaloupes, a bien pris son temps et la marée, et a fort bien fait,
aussi bien que le sieur Julien, lieutenant, qui était embarqué
avec lui.

— Les sieurs de La Mélinière et chevalier de Lézy, chargé
d'une attaque, et le sieur chevalier d'Hervault, d'un détachement de cinquante hommes, ont tous également et parfaitement
bien fait : les deux premiers ont pris le gouverneur et quelques
officiers prisonniers.

— Le sieur d'Arbouville, major de l'escadre, et Bellacroix,
et d'Armanville, ont fait tout ce qu'on pouvait attendre d'eux.

— Tous les volontaires ci-dessus nommés ont été les premiers à arracher les palissades, et le sieur Patoutet, commissaire général, n'a pas quitté le vice-amiral.

— On peut dire toutefois que l'attaque la plus disputée a été celle de la Chapelle, que commandait le sieur comte de Blenac en présence et sous les ordres de M. le vice-amiral. Un soldat de celle de la porte ayant mis le feu à sa bandoulière à la sortie des bois, les ennemis tirèrent un coup de canon, et quelques gens du bataillon commandé par le sieur comte de Blenac, ayant marché sans ordre, ils furent suivis de plusieurs, quoique ce fût rompre l'ordre de l'attaque générale, qui devait, selon qu'elle avait été concertée, commencer par les palatuviers et les cavaliers ; M. le vice-amiral crut toutefois qu'il était plus dangereux de faire revenir les troupes en arrière, que de tomber dans ce contre-temps. Il prit la tête de tout avec M. le comte de Blenac ; mais tout cela fut bientôt réparé, parce que chacun était déjà au lieu de son attaque, et avec même ardeur et même impatience de donner. Il n'y eut pour ainsi dire qu'un moment entre le commencement de cette attaque et celui des autres.

. . . .
. . . .

Signé : Le comte d'ESTRÉES.

A la rade de la Martinique, le 21 janvier 1677.

(Arch. de la marine, à Versailles.)

Le comte d'Estrées fit rétablir en toute hâte tout ce que le canon avait détruit, laissa une garnison suffisante à Cayenne, sous le commandement du chevalier de Lézy, et partit pour la Martinique, où il apprit que les Hollandais avaient fortifié Tabago, qu'ils y avaient construit un fort, qui était presque terminé, et que la garnison se composait de près de mille hommes de troupes réglées ; il eut en outre avis qu'une flotte hollandaise se dirigeait sur Tabago. Il était important de prévenir son arrivée. Il hâta donc ses préparatifs, se recruta de quelques compagnies d'infanterie, et partit le 12 février. Il arriva le 20 du même mois en vue de la place, où l'escadre hollandaise était mouillée depuis quinze jours.

L'escadre française ayant jeté l'ancre à six ou sept lieues de la ville, le comte d'Estrées s'occupa d'abord de connaître la position des ennemis. Deux prisonniers, qui furent amenés par un détachement, l'informèrent que les ouvrages du fort étaient presque terminés ; que les vaisseaux hollandais étaient embossés dans le port, et si près de terre, qu'ils pouvaient donner des secours à la ville, comme ils pouvaient en recevoir.

Ces informations déterminèrent l'assemblée du conseil où il fut résolu que l'attaque par terre et par mer devait se faire simultanément.

Voici comment s'exprime M. le comte d'Estrées sur ce combat, qui eut lieu le 3 mars. . . . .

. . . .

— On convint que l'entrée des vaisseaux dans le port précèderait de trois quarts d'heure l'attaque de terre, et que les troupes, au lieu de sortir par des défilés, marcheraient de front et par les lieux les plus ouverts. Les deux jours qu'Hérouard avaient demandés étant expirés, on mit à la voile le mercredi des cendres 3 mars, et les vaisseaux entrèrent dans le port dans l'ordre que l'on envoie avec cette relation. Ils essuyèrent près de neuf cents coups de canon, sans en tirer aucun qu'après avoir pris leur poste à la portée du pistolet. *Le Marquis* aborda un vaisseau ennemi, et *le Glorieux*, qui portait pavillon, un autre ; ce dernier par la nécessité de le faire pour laisser de la place au *Précieux*, sans quoi il n'aurait pas eu de part au combat, ce qui nous aurait été d'un grand désavantage. On était convenu, dans le conseil de guerre dont j'ai déjà parlé, qu'il fallait vaincre ou mourir, et faire périr tous les vaisseaux ennemis, soit en s'en rendant les maîtres en les abordant, ou à coups de canon, selon que chacun jugerait à propos de le faire pour réussir dans cette action. Il eût été impossible de pouvoir ressortir d'une porte où l'on était entré à la faveur d'un vent qui souffle toujours du même côté, s'il était demeuré seulement deux vaisseaux ennemis sans être détruits.

— Pour l'attaque de terre, elle se fit tout au contraire de ce qui avait été résolu. Hérouard, toujours persuadé qu'il fallait éviter le feu des six pièces de canon qui battaient dans l'esplanade par où il fallait marcher de front, s'alla cacher dans les roseaux, qui, à la vérité, en étaient assez proches, et où l'on était à couvert de la vue des ennemis, mais d'où on ne pouvait sortir qu'en défilant. L'attaque du fort commença aussi dans les temps de l'entrée des vaisseaux dans le port : ce fut un autre contre-temps qu'il fut impossible de réparer : la plupart des officiers tués ou blessés en défilant, en sorte que de quarante il n'y en eut que deux qui n'eurent pas de blessure. Hérouard fut tué, désespéré du peu de succès de l'action ; de Grand-Fontaine eut le bras cassé : l'un et l'autre de ces officiers avaient beaucoup de valeur,

— A dix heures du matin, il y avait plusieurs vaisseaux ennemis brûlés ou coulés à fond. Outre que la chaleur était excessive ce jour-là, l'on combattait de si près que les valets que l'on met par dessus les boulets dans les canons, s'attachant aux vaisseaux, y mettaient le feu.

— *Le Glorieux*, comme j'ai dit, ayant abordé le contre-amiral de cette escadre, s'en rendit bientôt le maître ; mais on s'aperçut bientôt après que le feu y était assez près de la chambre aux poudres pour craindre qu'il ne sautât bientôt. L'on fit tout ce que l'on put pour l'éloigner de nous ; on coupa les amarres qui nous tenaient abordés, mais inutilement ; il n'était pas à vingt pas de nous que le feu prit aux poudres, et accabla *le Glorieux* de toutes sortes de débris de canon et de bois enflammés, qui y mirent le feu. Le comte d'Estrées prévoyant l'accident qui arriva, avait envoyé auparavant un homme quérir une chaloupe, les siennes l'ayant abandonné dès le commencement du combat ; il l'attendait sur le bord du vaisseau, blessé à la tête en deux endroits.

. . . .

Le Glorieux se trouvait, par l'abordage qu'il avait fait au contre-amiral des Hollandais, dans l'ordre de bataille des ennemis ; et si près d'un vaisseau hollandais où il y avait trois chaloupes, que l'on crut que pour sauver tout l'équipage, il était comme nécessaire de prendre une de ces chaloupes. Le Bertier, garde de la marine, s'offrit d'y aller avec un matelot. L'action était hardie, quoiqu'on le soutînt sous les armes qui nous étaient restées pour empêcher l'opposition des ennemis ; il nous l'amena sans peine : car ce vaisseau, qui brûlait par le haut et dans les hunes, comme le *Glorieux*, tirait vivement contre les nôtres, et, selon les apparences, ne s'était pas aperçu du danger où il était et de notre dessein ; de sorte que le comte d'Estrées s'étant embarqué avec les officiers dans la chaloupe hollandaise, devant que de s'éloigner, assura l'équipage qu'il devait venir une chaloupe pour les prendre, et qu'il reviendrait lui-même les chercher plutôt que de les laisser périr sans secours. Il se faisait porter à *l'Intrépide*, qui était le vaisseau français le plus proche ; mais le brûlot ennemi ayant mis à la voile, on ne sait à quel dessein, et présentant à un air de vent qui le mettait entre *l'Intrépide* et la chaloupe, il fut impossible au comte d'Estrées d'en approcher. Il fallut s'éloigner pour ne pas périr de l'enlèvement des poudres de ce brûlot, qui devait être prompt. Ce fut dans ce temps-là que Louis Gabaret fut tué d'un coup de canon, après avoir reçu trois blessures fort grandes par des éclats, sans avoir voulu ni songé à se faire panser qu'après la fin du combat : son exemple soutint l'équipage déjà fort affaibli, et quoiqu'il fût de deux cents hommes, et qu'il n'en restât pas quarante à cinquante en vie, on ne vit ni étonnement ni faiblesse tant qu'il vécut. Cependant la chaloupe où était le comte d'Estrées ne pouvant plus arriver à aucun vaisseau français sans faire le tour des deux grands vaisseaux ennemis qui seuls restaient debout d'une si grande escadre, reçut un coup de canon fort bas qui l'emplit d'eau et emporta le talon de soulier du chevalier d'Hervault, et lui fit une si grande contusion qu'il crut avoir le pied brisé.

Cependant la chaloupe, dont on avait bouché le trou avec un chapeau, et dont on vidait l'eau avec les autres, était devenue très pesante. Il y avait déjà demi-heure que les matelots

criaient qu il fallait périr ou aller à terre; le rivage était couvert de matelots des vaisseaux hollandais qui avaient péri, et
l'on mit pied à terre guère loin d'une grande portée de mousquet du fort. Dans cette extrémité, le vice-amiral fit porter,
par quatre matelots, Méricourt et d'Hervault hors d'état de
pouvoir marcher, et s'étant réservé pour lui donze ou treize
hommes, il leur dit de ne les point quitter, et de marcher fort
serrés avec les sabres et les mousquetons, quoique mouillés,
qui étaient restés dans le fond de la chaloupe. On s'avisa de
détacher un matelot pour crier à ses gens épars qu'on leur
donnait bon quartier : vingt-cinq ou trente se vinrent rendre;
et ayant ôté les armes à ceux qui en avaient, on se trouva en
état de se mieux défendre, et la grande chaloupe qu'on avait
envoyé chercher. comme j'ai dit, nous ayant joints avec quarante hommes, nous donna le moyen de faire quatre-vingt-
dix prisonniers, que l'on garda quelque temps dans un mac-
quis, d'où on ne pouvait sortir qu'en défilant, et jusqu'à ce que
la chaloupe de *l'Intrépide*, ayant passé assez près de nous, le
vice-amiral s'y embarqua avec les officiers qui avaient suivi.
Dans ce temps-là, les deux vaisseaux hollandais, amiral et
vice-amiral de l'escadre, qui depuis trois heures soutenaient le
feu de tous les nôtres, coupèrent les câbles, et s'échouèrent
démâtés et presque entièrement ruinés à coup de canon. .

. . . . , ...

Le comte d'Estrées apprenant que l'attaque par terre avait
complètement échoué, et que la plus grande partie des officiers
avaient été tués, il ne songea plus qu'à une retraite honorable,
et à mettre ses gens en lieu de sûreté pour les rembarquer.
On retira les vaisseaux, par le moyen des ancres de touée, opération difficile qui dura trois jours. Le quatrième jour on mit
à la voile et l'on se rendit à l'île de la Grenade, où l'on déposa
les malades. Le comte d'Estrées, après quelques jours de repos, mit à la voile avec *l'Emérillon, le Soleil-d'Afrique, le
Fondant* et *le Galant*, et arriva en France dans le mois de
juillet.

Les Hollandais eurent sept vaisseaux brûlés dans cet affaire;

mais ce qu'il y eut de plus affreux, c'est que les habitants de Tabago, persuadés que les Français n'oseraient pas entrer dans le port, et ne redoutant qu'une attaque par terre, avaient renfermé leurs femmes, leurs enfants, leurs nègres, sur plusieurs bâtiments mouillés dans le port, et tous périrent dans les flammes.

Louis XIV ne songea qu'à réparer le mauvais succès de ses armées devant Tabago. Il fit équiper sur-le-champ une nouvelle flotte qu'il mit sous les ordres du comte d'Estrées, qui mit à la voile dans les premiers jours de novembre de l'année 1677, et mouilla le 6 décembre à une rade éloignée de deux lieues du fort. Le 7 et le 8 furent employé au débarquement des troupes, et, le 9, elles campèrent sur une hauteur située à six cents pas du fort.

Voici comment le comte d'Estrées s'exprime sur ce combat.

— . . . .
. . . .

— Le 12, dès le matin, les ennemis commencèrent à canonner notre batterie et le camp avec cinq pièces de canon qu'ils avaient trouvées de ce côté-là.

» Mais on commanda, sur les dix heures du matin, de tirer les bombes, et la troisième tomba dans le fort, entre une heure et midi, au milieu des poudres, et fit un effet si prodigieux qu'elle enleva Binckes et tous les officiers au nombre de seize, qui dînaient, pour lors, avec plus de deux cents cinquante soldats, qui furent déchirés, étouffés ou brûlés d'une manière extraordinaire.

» M. le vice-amiral, qui dînait chez M. le comte de Blenac, qui avait relevé le marquis de Grancey, fit aussitôt prendre les armes, et avec quatre cents cinquante hommes et ledit sieur comte de Blenac, marcha droit au fort pour empêcher le ralliement des ennemis et se rendre maître des vaisseaux aussi bien que du fort. Tout cela fut fait en moins d'une heure, et il n'eut pas besoin du secours de *l'Etoile*, de *l'Hercule* et du *Bourbon*, qu'il avait commandé d'entrer dans le port en cas d'une plus grande résistance

» Rasmus, fameux corsaire, n'ayant jamais voulu aller dîner dans le fort, après avoir tenté inutilement de rallier les Hollandais épars et fort épouvantés, se mit dans une chaloupe avec quatre ou cinq matelots, et suivit une galiote qui, ayant coupé ses câbles, passa entre les roches. Il y a apparence qu'il s'est sauvé dessus, ou qu'il est allé, dans sa chaloupe, à la Trinité.

» La corvette *l'Hirondelle* appareilla pour suivre la galiote, et on les vit si proche l'une de l'autre; que l'on espère qu'elle aura été prise, et que l'on en aura des nouvelles à la Grenade.

» Le *Belliqueux* et le *Brillant* arrivèrent le lendemain avec un renfort de près de six cents hommes. Tous les officiers ont très-bien servi en cette occasion, et ont donné des marques de leur zèle.

» MM. de Grancey, de Blenac et de Patoulet, commissaire-général, ont eu beaucoup de part aux fatigues et aux soins qui ont contribué à cet heureux succès..

Comme il serait trop de nommer ici tous les officiers subalternes qui ont été détachés à terre; on se contentera de dire que lorsque toutes les troupes y ont été jointes, M. le marquis de Grancey les a commandées le premier, sous les ordres de M. le vice-amiral, et a été relevé par M. le comte de Blenac; que l'on avait réglé qu'il y aurait toujours deux capitaines pour commander les troupes sous les officiers généraux, et avec eux le sieur de Bevedant, qui, étant seul de capitaine de frégate légère, n'en a pas bougé depuis le jour de descente, et a très-bien servi.

» Le premier jour, les sieurs de Sourdis et de Bleor;

» Le second, les sieurs de Saint-Aubin et de la Harteloire;

» Le troisième, les sieurs de Montortier et de Chaboissière ;

» Le quatrième, les sieurs d'Amblimont et du Drot, qui
venaient relever les dits capitaines lorsque la bombe fit son
effet.

» Le sieur chevalier d'Hervault a fait sa charge avec beaucoup d'activité

» Le sieur de Combes a montré beaucoup de capacité et d'intelligence.

» Le sieur Sauvage était destiné pour commander l'artillerie, et le sieur de Belaires, les mineurs. En tout, l'on a remarqué beaucoup d'ardeur et de zèle ; mais l'adresse du
sieur Landouillet leur a ôté les moyens d'en donner des té-
moignages aussi considérables qu'ils auraient désiré.

Cet évènement fit que la place n'opposa qu'une très-
faible résistance. Le duc s'empara en même temps de tous
les navires hollandais qui se trouvaient dans le port et en
retrouva un français qui avait échoué dès la première
attaque.

Mais le duc était destiné à éprouver toutes les chances de
la navigation : en retournant en France, son escadre alla
faire tête sur les îles des oiseaux ; le désordre se mit dans son
équipage, les matelots défoncèrent les barriques de vin et
d'eau-de-vie, se soulèrent, perdirent la tête et se noyè-
rent.

Pour le récompenser de ses services ; le roi éleva le duc
d'Estrées à la dignité de Maréchal de France, le fit chevalier
de ses ordres, et le nomma vice-roi de l'Amérique. C'était
en 1678. La paix avait été conclue entre la France, l'Espagne
et la Hollande, et l'illustre Maréchal alla se reposer au sein de
sa famille dont il faisait les délices.

Dans la suite de sa carrière, il rançonna les corsaires de
Tripoli et de Tunis. A son retour en France, d'Estrées
sentit la nécessité du repos domestique. Le roi lui donna le

commandement des côtes de Bretagne , et on doit dire à sa gloire que les Anglais ne purent opérer aucune descente dans ces parages durant tout le temps qu'il les eut sous sa surveillance.

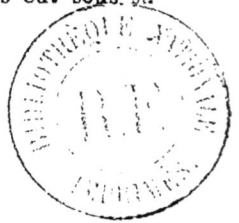

LIMOGES. — IMPRIMERIE DE BARBOU FRÈRES.

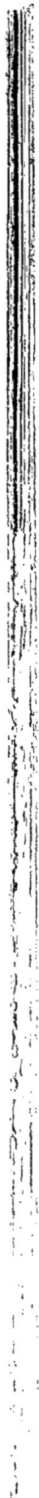

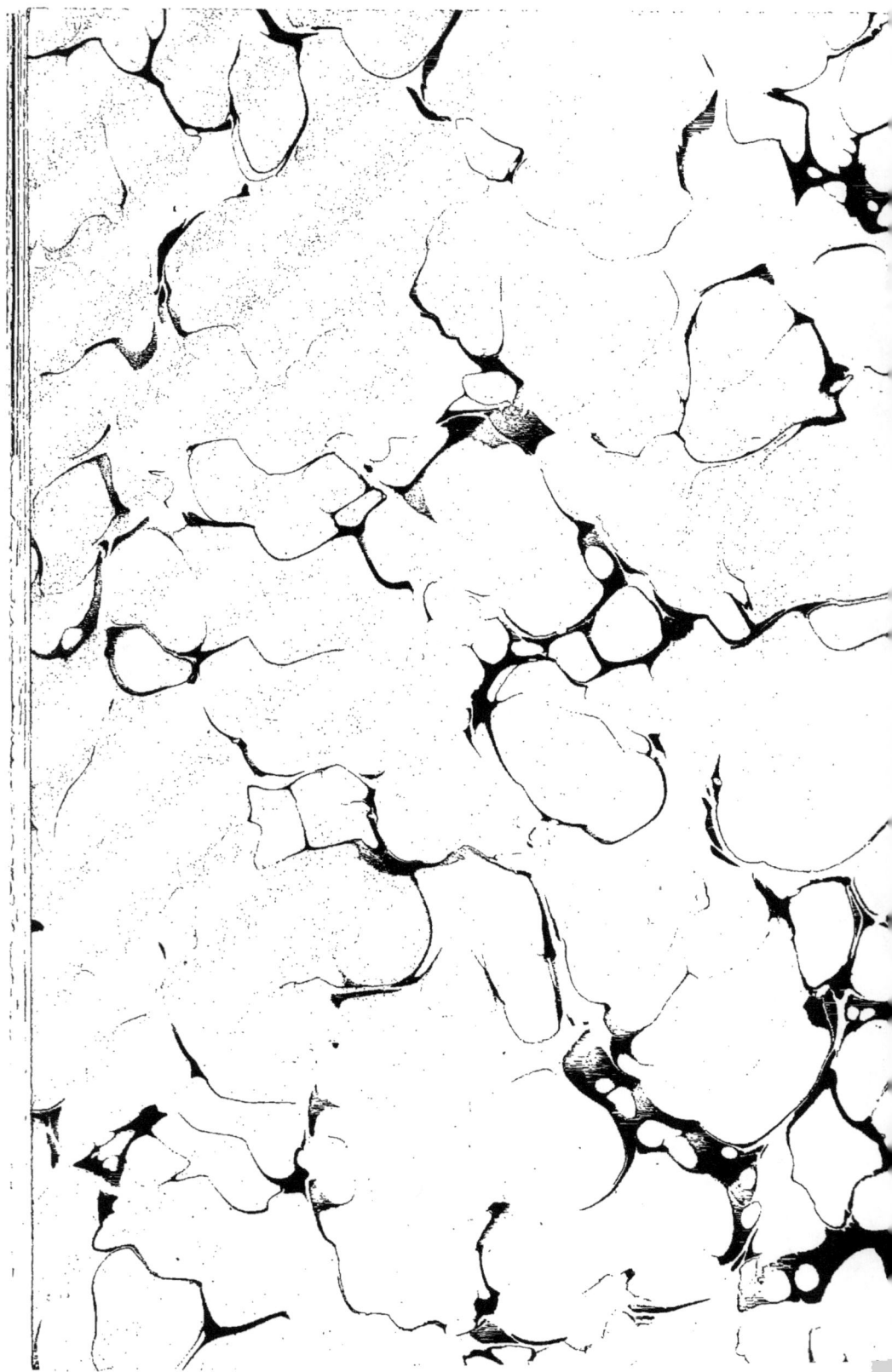

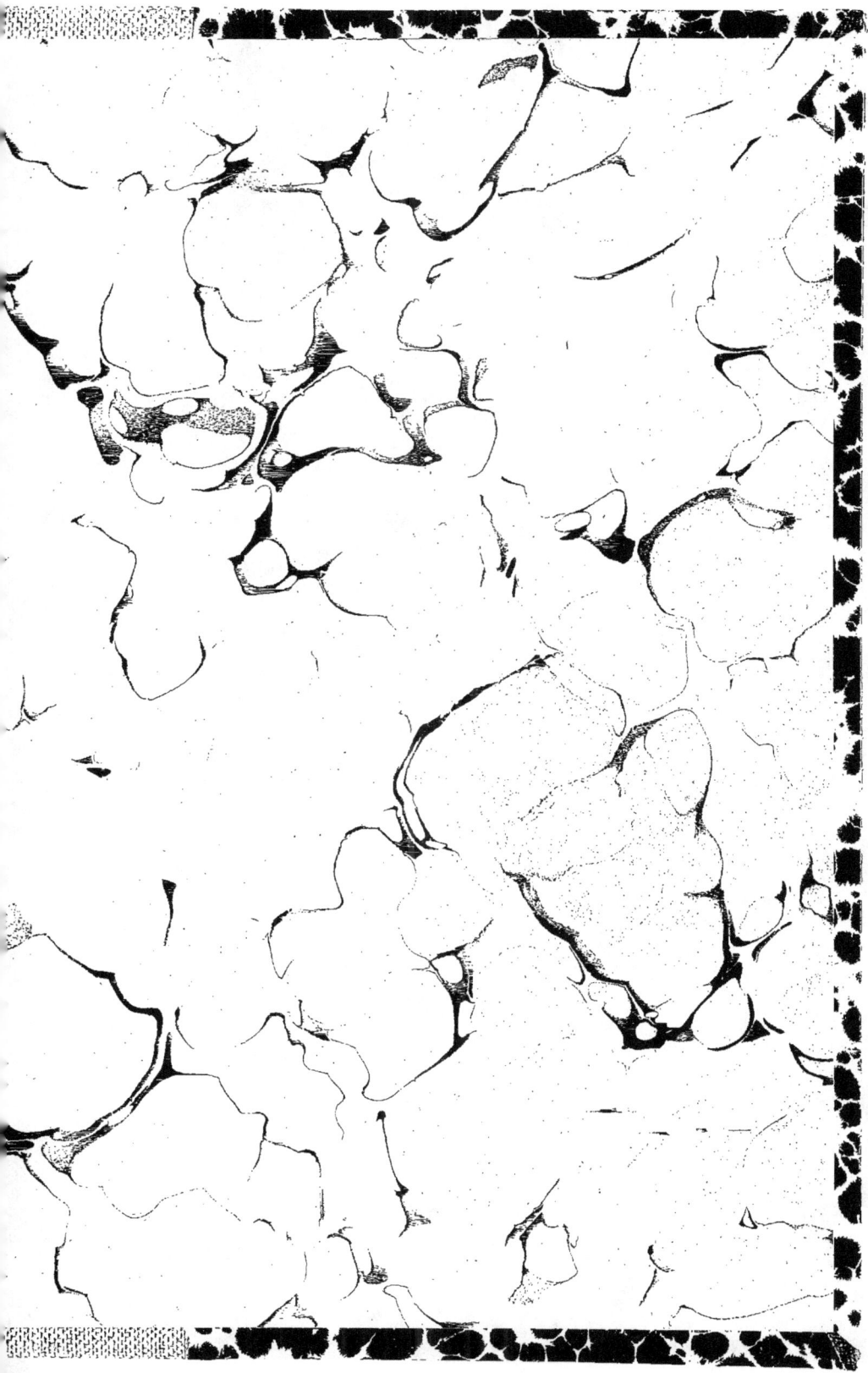

www.ingramcontent.com/pod-product-compliance
Lightning Source LLC
Chambersburg PA
CBHW071804090426
42737CB00012B/1947